Thomas Zimmermann
Im Fokus ist das Wort – nicht WORD. Der Rest ist T$_{\text{E}}$Xnik
Eine L^{A}T$_{\text{E}}$X-Dokumentvorlage für Autoren und Verlage

AF188572

Abbildung 0.1: Buchdruck im 16. Jahrhundert

Die Informationen in diesem Buch sind mit Sorgfalt recherchiert und praxiserprobt. Gleichwohl sind Fehler nicht auszuschließen. Ich übernehme keine Verantwortung für eventuell verbliebene Fehler und entstehende Probleme. Sollten Verbesserungen erforderlich sein, danke ich bereits jetzt für die Unterstützung und stelle ich mich gerne der Diskussion.

Errata sowie die Dokumentvorlage und Beispiele stehen zum Download auf meiner Homepage https:\\edv-beratung.familiezimmermann.de

Im Fokus ist das Wort – nicht WORD.

Der Rest ist TeXnik

Eine LaTeX-Dokumentvorlage für Autoren und Verlage

Thomas Zimmermann

2019

EDV-Beratung Zimmermann

Bibliografische Information der Deutschen Nationalbibliothek:
Die Deutsche Nationalbibliothek verzeichnet diese Publikation in der Deutschen Nationalbibliografie; detaillierte bibliografische Daten sind abrufbar im Internet über `http://dnb.dnb.de`.

Herstellung und Verlag: BoD – Books on Demand, Norderstedt

Grafische Gestaltung: Thomas Zimmermann
https://openclipart.org/detail/274856/ink-pen-money
https://upload.wikimedia.org/wikipedia/commons/a/a0/Buchdrucker-1568.png
https://ctan.org/lion/files/ctan_lion_2400.png

Printed in Germany
ISBN: 978-3-749421-90-9

Vorwort

> Jeder Computerbenutzer kann willkürlich ein Buch gestalten. Daher sind die meisten neuen Bücher häßlich. Grundsätzlich haben unsere Bücher folgende Mängel: Der Satzspiegel ist zu groß, die Verlage nutzen das Papier soweit wie nur möglich aus und verzichten auf eine Umrandung der Kolumnen. Die Ränderverhältnisse sind zufällig, oft stehen die Kolumnen zu tief. Die Seitenzahlen sind laienhaft angeordnet. ... Die Buchkunst liegt derzeit sehr im Argen. Bevor ein ganzer Berufsstand und mit ihm das Wissen und die Fertigkeiten, derer die Herstellung guter Bücher bedarf, aus Kostengründen verlorengehen, wäre zu wünschen, daß die Verlage ihre Gleichgültigkeit gegen das Buch ablegen und die Herstellung nicht mehr Computerspezialisten und Werbeagenturen überantworten, sondern Typographen, die ihr Handwerk beherrschen.
>
> *(Martin Z. Schröder)*

Stimmt! Im Rückblick auf meine zahlreichen schriftlichen Arbeiten war entweder die Schreibmaschine oder Microsoft Word mein treuer Begleiter. Natürlich war ein Blick auf Layout und Satzspiegelgestaltung hilfreich, aber im Grunde war Word doch gut. Bis zum Studium. In einer UNIX-geprägten Umgebung standen andere Werkzeuge zur Verfügung. Sehr schnell musste ich feststellen, dass mit LaTeX ein System existiert, dass bei gleicher Einarbeitungszeit deutlich bessere Ergebnisse und diese als PDF-Datei sogar wirklich weitergabefähig hervorbringt.

Ein zweiter Trigger waren Jahre später meine Erfahrungen im Carola Hartmann Miles Verlag. Obwohl seitens Books on Demand zahlreiche Word-Vorlagen zur Verfügung gestellt wurden, konnte ich regelmäßig feststellen, dass ein erheblicher Aufwand für die Korrektur des Layouts erforderlich war.

Der Autor kümmerte sich eben nicht nur um den Inhalt, sondern auch um die Form.

Zeilenabstand und Zeilendurchschuss, Satzspiegel, Silbentrennung, Grauwert usw. Es gibt vieles zu beachten und einzustellen – oder zu verstellen. Dieses Dilemma kann LATEX beheben – wenn man sich darauf einlässt! Ein jeder Texteditor benötigt dafür seine Zeit. Doch keiner unterstützt derart profund mit Wissen um die Typographie und entlastet den Autor wie LATEX.

In a nutshell: Trennung von Inhalt und Layout, typographisch korrekter Zeichensatz bei Kerning und Ligaturen, optimierte Silbentrennung, keine Seiteneffekte bei komplexen Dokumenten, usw. Die Vorteile von LATEX liegen auf der Hand.

Aussagekräftige Beispiele findet man bei Dario Taraborelli mit seinem Artikel *The beauty of LATEX*; Andrew Roberts mit *Getting to Grips with LaTeX – Benefits of LaTeX typesetting*; Allin Cottrell: *Word Processors: Stupid and Inefficient* oder Clemens Niederberger: *Warum LATEX? Ein Vergleich mit Libreoffice.*

In diesem Sinne soll dieses Buch die Schwelle zu LATEX vermindern und eine Handreichung für die Realisierung eines Buchprojektes mit einem professionellen und dennoch frei verfügbaren Textsatzsystem darstellen.

Es ist der Einstieg in eine neue Welt. Wer die ganze Schönheit und Mächtigkeit von LATEX erfahren möchte, für den ist dieser »Reiseführer« zu wenig. Für den weiteren Weg ist daher der Blick in die Literatur – an Herbert Voß und Markus Kohm führt kein Weg vorbei – sowie der Blick ins Internet unerlässlich. Auch wenn diese Drei bereits die Grundlage für das vorliegende Handbuch bilden.

Ich habe mir insofern erlaubt, auf die jeweiligen Zitate zu verzichten und stattdessen die genutzten Quellen im Literatur- und Quellenverzeichnis aufzuführen.

Widmung

In der Hoffnung, dass dieses Buch tatsächlich hilft, die Trennung von Inhalt und Form zu vollziehen, dass ein jeder sich wieder arbeitsteilig auf seinen Bereich konzentriert, danke ich meiner Frau für die abendliche Geduld, mit der sie meine – geistige – Abwesenheit erduldet hat.

Ebenso danke ich meinen Kollegen Rene Fröhlich, Martin Heusler, Dirk Lambertz und Sebastian Zecher sowie meinem Sohn Jann-Niklas Zimmermann für ihre Bereitschaft zum Korrekturlesen sowie ihre Hinweise.

Thomas Zimmermann   *Berlin, im April 2019*

Inhaltsverzeichnis

1 Typographie – von Kunst und Handwerk

The only time success comes before work is in the dictionary.

(Harvey Spector)

Typographie, von griechisch typos – »Schlag«, »Abdruck«, »Figur« – und graphein – »Zeichnen« – bezieht sich im klassischen Sinne auf die Gestaltung von Druckwerken mit beweglichen Lettern. Dennoch liegen die Wurzeln tiefer. Bereits die Handschriften des Mittelalters mit ihrer grafischen Gestaltung weisen Gesetzmäßigkeiten auf, die auch heute noch ihre Gültigkeit besitzen. Mit der Entwicklung und Verbreitung des Buchdrucks wurde dieses Wissen um grafische Gestaltung Teil des Fachwissens der Drucker und Schriftsetzer. In der Renaissance umfasste der Begriff Typographie sämtliche Bereiche der »Buchdruckerkunst«, in der Frührenaissance auch »Deutsche Kunst« oder »Schwarze Kunst« genannt.

Typographie umfasst damit die Makrotypographie mit den Gestaltungsrichtlinien für ein harmonisches Layout sowie der Mikrotypographie zur Anwendung von Schrift.

Heute ist Typographie ein wichtiger Bestandteil der Ausbildung der Grafiker, Mediengestalter und ähnlicher Berufsgruppen. Aber auch für die Schriftstellerei gilt: Grundwissen schadet nicht. Insbesondere da mit der Digitalisierung der Schreibmaschine hin zu Textverarbeitungsprogrammen auch von Autoren Grundkenntnisse der Typographie erwartet werden.

1.1 Grundbegriffe

Einen hervorragenden Überblick bietet Wolfgang Beinert mit seinem Typographielexikon auf `https://www.typolexikon.de/`.

Buchsatzspiegel ist die Bezeichnung für das gesamte schematische Ordnungssystem einer Doppelseite (Verso und Recto). Der Buchsatzspiegel beschreibt die unbedruckten und bedruckten Flächen und umfasst Außenstege, Bundstege, Fußstege, Kopfstege, Kolumnentitel (lebend/tot), Kopfstege und Satzspiegel (Textbereich).

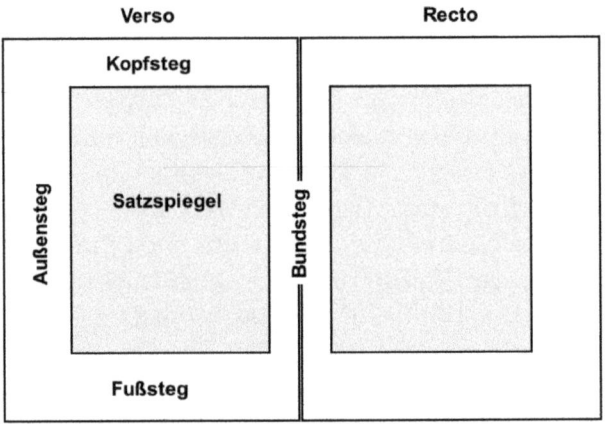

Abbildung 1.1: Buchsatzspiegel

Verso ist die Bezeichnung für die linke Seite eines Buches.

Recto ist die Bezeichnung für die rechte Seite eines Buches.

Kolumne ist ein Bereich oberhalb oder unterhalb eines Satzspiegels. Der darin enthaltene Text wird als Kolumnentitel bezeichnet. Die klassische Buchtypografie unterscheidet zwischen »toten« und »lebenden« Kolumnentitel. Die Kolumne oberhalb des Satzspiegels – im Kopfsteg – wird umgangssprachlich als Kopfzeile bezeichnet. Die Kolumne unterhalb des Satzspiegels – im Fußsteg – wird umgangssprachlich als Fußzeile bezeichnet.

Toter Kolumnentitel ist die Bezeichnung für eine einzeln stehende Seitenzahl.

Lebender Kolumnentitel ist eine Seitenzahl mit beigefügtem Text, der auf den nachfolgenden Seiten seinen Inhalt ändern kann. Er kann beispielsweise aus Hauptüberschriften, Kapitelüberschriften, Untertiteln oder Rubrikentiteln bestehen. In der traditionellen Buchgestaltung trägt die linke Buchseite (Verso) meist den übergeordneten Titel und die rechte Seite (Recto) den untergeordneten Titel, wobei in der Regel der rechtsseitige Textinhalt häufiger gewechselt wird.

Kopfsteg ist der typographische Fachausdruck für den oberen Rand einer Buchseite.

Außensteg ist der typographische Fachausdruck für den äußeren, also den linken Außenrand der Versoseite bzw. den rechten Außenrand der Rectoseite eines Buches. Der Außensteg sollte immer etwas breiter sein als der Bundsteg, da beim geöffneten Buch der Bundsteg optisch gespiegelt und somit verdoppelt wird.

Fußsteg ist der typographische Fachausdruck für den unteren Rand einer Buchseite. Der Fußsteg sollte bei Handbüchern, z.B. einem Roman, deutlich breiter sein als die Kopf-, Bund- und ggf. die Außenstege, da beim Halten und Umblättern eines Buches die Finger keinesfalls in den Satzspiegel geraten dürfen. Dies würde die Lesegeschwindigkeit und somit schlussendlich die Lesbarkeit eines Buches mindern.

Bundsteg ist der typographische Fachausdruck für den inneren, also den rechten Innenrand der Versoseite bzw. den linken Innenrand der Rectoseite eines Buches. In Abhängigkeit des Buchbindeverfahrens ist der Bundsteg um die Bindekorrektur zu vergrößern. Die Bindekorrektur ist der Bereich, der durch die Bindung verdeckt wird.

1.2 Satzspiegel

Grundlage einer harmonischen Buchgestaltung ist die Gestaltung des Satzspiegels – die Bestimmung des Textbereiches unter Berücksichtigung der Stege und der Bindekorrektur. Die Harmonie wird bestimmt durch das Verhältnis von Bundsteg : Außensteg sowie Kopfsteg : Fußsteg. Mit den Diagonalen in der nachfolgenden Abbildung lässt sich dieses Verhältnis überprüfen.

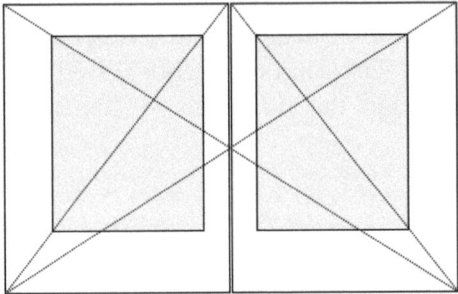

Abbildung 1.2: Harmonischer Satzspiegel

Der einfachste Weg, diese Verhältnisse zu erreichen, ist die Satzspiegelkonstruktion durch Teilung. Zunächst wird an der Innenseite der Wert für die Bindekorrektur abgezogen. Anschließend wird die Seite horizontal und vertikale in die gleiche Anzahl von Streifen geteilt. Die klassische Teilung ist die sogenannte Neunerteilung – also jeweils neun Streifen.

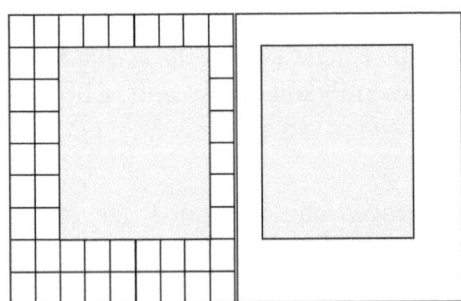

Abbildung 1.3: Neunerteilung

Einen hervorragenden Überblick hat Markus Kohm hierzu in der T_EXnischen Komödie 4/2002 veröffentlicht.

Eine weitere Bedingung für eine harmonische Seitengestaltung ist ein einheitlicher Grauwert. Der Grauwert bezeichnet in der Typografie die scheinbare Helligkeit eines Textes. Er basiert jedoch nicht auf wissenschaftlichen Erkenntnissen, sondern er ist ausschließlich ein subjektiver Eindruck. Allerdings herrscht Konsens, dass der Grauwert ausschlaggebend für die Gesamteindruck und die Lesbarkeit eines Buches ist. Deshalb gilt die Regel: je dunkler und dichter der Grauwert einer Schriftfläche ist, desto unangenehmer und schwerer ist der Text lesbar.

Das Wissen der Typographen, das für eine harmonische Seitengestaltung erforderlich ist, wurde dank Donald E. Knuth mit LaTeX einem größeren Kreis zugänglich gemacht.

2 LaTeX – auch nur ein Werkzeug?

English words like »technology« stem from a Greek root
beginning with the letters τεχ and this same Greek word
means »art« as well as »technology«.

(Donald E. Knuth)

2.1 Etwas Geschichte

Als Donald E. Knuth mitte der 70er Jahre vor der Herausforderung stand, seine wissenschaftlichen Arbeiten zu publizieren, stellte er fest, dass mit der Digitalisierung im Druckwesen die Veränderungen den Beruf des Schriftsetzers haben überflüssig werden lassen.

> »Mathematics books and journals do not look as beautiful as they used to. It is not that their ... content is unsatisfactory, rather that the old and well-developed traditions of typesetting have become too expensive. Fortunately, it now appears that mathematics itself can be used to solve this problem.[1] «

Dies war die Geburtsstunde von TeX, einem System, welches das Wissen des Schriftsetzers einem breiten Kreis zugänglich macht. Bereits mit den Standardwerten von TeX lassen sich qualitativ hochwertige PDF-Dokumente erstellen, die von jeder digitalen Druckvorstufe akzeptiert werden. Mit dieser Trennung von Form und Inhalt kann sich der Autor wieder auf seine eigentliche Arbeit – dem Inhalt und der Struktur – konzentrieren.

---

[1]Donald E. Knuth: *Mathematical Typography*, 1978.

TeX ist damit keine Textverarbeitung wie beispielsweise Microsoft Word, die augenblicklich darstellt, wie der Druck später hoffentlich aussieht – What you see is (probably) what you get. TeX ist vielmehr ein Textsatzsystem, dass anhand von Steuerbefehlen den zu druckenden Text formatiert und ausgibt. Die Anwendung von TeX – das Setzen von Text – ähnelt somit eher dem Programmieren.

Die nachfolgende Abbildung zeigt den schematischen Ablauf. Ein vollständiges Bild ist im Abschnitt 6.8 auf Seite 207 aufgeführt.

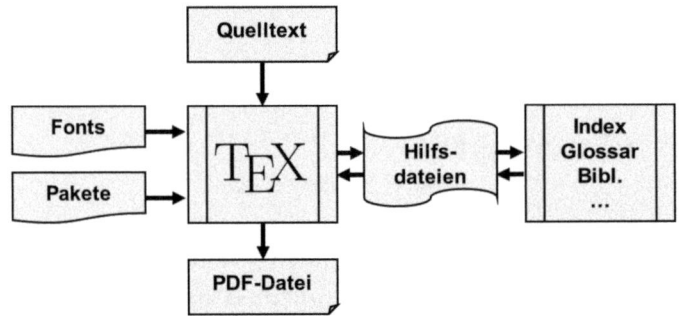

Abbildung 2.1: Vom Text zum Dokument

Doch keine Angst: wenn das Grundgerüst für ein LaTeX-Dokument einmal erstellt wurde, können Sie sich als Autor voll und ganz auf den Inhalt konzentrieren. Für die Gestaltung reichen ein paar Befehle für das weitere Arbeiten aus.

In den folgenden Jahren wurde das Grundsystem systematisch erweitert und in seiner Handhabung verbessert. Leslie Lamport entwickelte in den 80er Jahren das auch heute noch am meisten genutzte TeX-Paket: LaTeX.
Eine weitere wichtige Erweiterung ist KOMA-Script, das in den 90er Jahren von Frank Neukam begonnen und von Markus Kohm vollendet wurde. Mit diesem Paket wurde LaTeX weiter verfeinert und seine Nutzung optimiert.

2.2 LaTeX und Windows

Ein lauffähiges LaTeX-System umfasst in Gänze rd. 75.000 Dateien bei einem Speicherplatzbedarf von ca. 4 Gigabyte. Aber auch hier gilt: keine Angst! Jede LaTeX-Distribution enthält eine Paketverwaltung, die bei Bedarf die notwendigen Ergänzungen automatisch vornehmen wird.

2.2.1 LaTeX-Basissystem

Für Windows gibt es drei Optionen für das Basissystem:

- **TeXLive**   die umfangreichste TeX-Distribution. TeXLive wird auf einer DVD-ROM vertrieben oder kann aus dem Internet frei heruntergeladen werden. Sie wird gemeinsam von den internationalen Benutzergruppen der TeX User Group gepflegt. TeXLive enthält grundsätzlich alle Pakete, die auch auf dem Comprehensive TeX Archive Network vorhanden sind. Beschränkungen ergeben sich im Einzelfall für Pakete, die unter keiner freien Lizenz stehen.
Die Webseite ist `https://www.tug.org/texlive/`.

- **MiKTeX**   eine deutschsprachige LaTeX-Distribution von Christian Schenk. Mit einem Installationsprogramm werden die benötigten TeX-Pakete aus dem Internet oder von der MiKTeX-CD geladen und danach auf dem Rechner installiert. Bei einer kompletten Installation der Version 2.9 müssen ungefähr 1,3 Gigabyte aus dem Internet geladen und 2,4 Gigabyte auf der Festplatte installiert werden. Ein Aktualisieren der Pakete ist möglich, außerdem werden benötigte, noch nicht vorhandene Pakete bei Bedarf nachgeladen und installiert.
Die Webseite ist `https://miktex.org/`

- **ProTeXt**   eine integrierte Freeware-Entwicklungsumgebung für LaTeX, die von Thomas Feuerstack auf der Basis von MikTeX entwickelt wurde. Diese Distribution hat bereits den Editor TeXstudio integriert.
Die Webseite ist `https://www.tug.org/protext/`.

Ich selbst nutze MikTeX von Christian Schenk. Da mit der Basisversion bereits bei einfachen Dokumenten zahlreiche Pakete nachgeladen werden müssen, empfehle ich die Komplettversion zu installieren – 2 Gigabyte an Daten sollten heute beim Download keine Herausforderung darstellen.

Installation und Konfiguration von MikTeX

Zur Installation reicht es aus, von der Webseite den Installer herunterzuladen und zu starten. Nach der Installation erfolgt beim ersten Start die Konfiguration. Die wichtigste Option ist die Frage nach dem automatischen Nachladen benötigter Pakte. Diese sollte mit »Ja« beantwortet werden.

Weitere Arbeiten an MikTeX beschränken sich auf regelmäßige Updates. Hierfür steht die MikTeX-Console zur Verfügung.

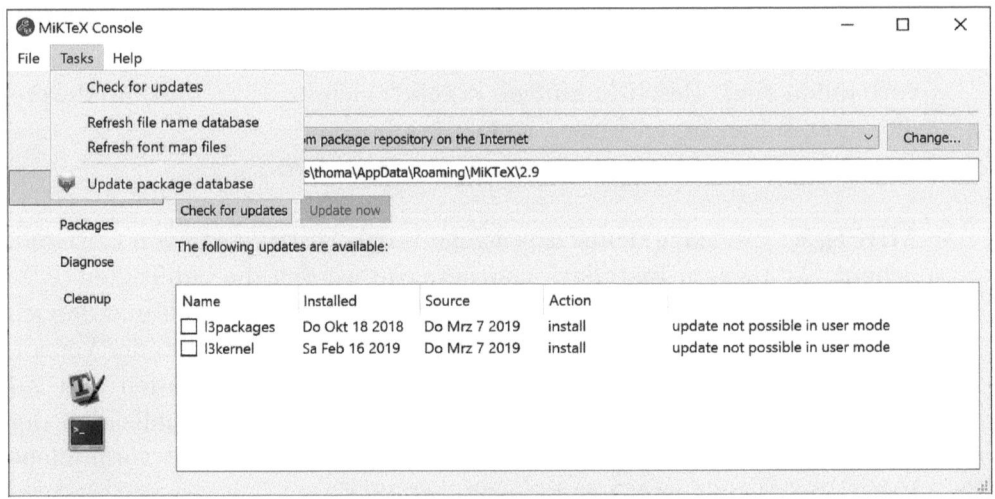

Abbildung 2.2: MikTeX-Console

Damit steht dem ersten Dokument nichts mehr im Weg. Für die Erstellung reicht ein einfacher Texteditor sowie die Kommandozeile. Wer es jedoch etwas einfacher haben will, muss eine der vorhandenen grafischen Entwicklungsumgebungen installieren.

2.2.2 LaTeX-Editor – eine grafische Entwicklungsumgebung

Spätestens hier wird deutlich, warum das Setzen von Dokumenten mit LaTeX dem Programmieren ähnelt. Auch hier gilt: Bange machen gilt nicht! Suchen Sie sich unter den zahlreiche Windows-Varianten eine Umgebung aus:

- **TeXnicCenter**   ist ein freier Texteditor für LaTeX-Dokumente für Windows. Die Software wird unter der GNU General Public License veröffentlicht. Integrierte Funktionen erleichtern unter anderem die Strukturierung, Formatierung und Texthervorhebung der Dokumente – Einstellungen, die bei LaTeX als Markup-Befehle direkt in den Text geschrieben werden.
  Die Webseite ist `http://www.texniccenter.org/`

- **TeXmaker**   ist ein plattformübergreifender Unicode-Texteditor für die Erstellung von LaTeX-Dokumenten. Die Software wird unter der GNU General Public License veröffentlicht. Der Editor richtet sich insbesondere an LaTeX-Anfänger, denen mit Hilfe von Assistenten die Erstellung von Dokumenten erleichtert werden soll.
  Die Webseite ist `http://www.xm1math.net/texmaker/`

- **TeXstudio**   ist ein plattformunabhängiger Editor für die Erstellung von LaTeX-Dokumenten. Er basiert auf TeXmaker. Die Software wird unter der GNU General Public License veröffentlicht.
  Die Webseite ist `https://www.texstudio.org/`

- **TeXworks**   ein einfacher Editor. Die Open Source Freeware benötigt als Voraussetzung ein installiertes TeXLive.
  Die Webseite ist `https://www.tug.org/texworks/`

Nach mehreren Tests bin ich mittlerweile bei TeXstudio angelangt. Hier überzeugt mich der interne Betrachter sowie die Anzeige der Dokumentstruktur und die Anzeige der aktuellen tex-Datei. Diese drei Ansichten laufen synchron. Darüber hinaus verfügt TeXstudio über eine integrierte Rechtschreibprüfung sowie Syntaxhilfe und Vervollständigung für Befehle.
Umfangreiche Assistenten für Dokumente, Umgebungen sowie Kurzbefehle

runden das Bild ab. Eine Anleitung finden Sie unter `http://www.mi.uni-ko`
`eln.de/wp-MIEDV/wp-content/uploads/2016/05/dokumentNeuYP.pdf` bzw.
`http://www.linux-community.de/ausgaben/LinuxUser/2014/08/Mit-Texs`
`tudio-komfortabel-LaTeX-Dokumente-erstellen/`.

Aber sehen Sie selbst und probieren Sie es einfach aus.

Abbildung 2.3: TEXstudio

Installation von TEXstudio

Zur Installation reicht es aus, von der Webseite den Installer herunterzuladen
und zu starten. Das umfangreiche und ausführliche Handbuch ist Online verfügbar unter `http://texstudio.sourceforge.net/manual/current/userm`
`anual_en.html`. Darüber bieren auch die TEX-Foren ergänzende Hilfestellun-
gen.

Weitere Software

Hilfreich ist ein zusätzlicher externer PDF-Betrachter. Ein schlankes Programm, das neben der Anzeige der PDF-Datei in Buchansicht automatisch eine geänderte PDF-Dateien nachlädt, ist »SumatraPDF«. Das Programm ist verfügbar unter `https://www.sumatrapdfreader.org/free-pdf-reader .html`

Für die Grafikbearbeitung empfehle ich zum einen den Bildbetrachter »Irfan View«. IrfanView ist ein Freeware-Programm zur Betrachtung und in kleinem Umfang auch zur Bearbeitung von Bildern unterschiedlicher Formate für die Betriebssystemplattform Microsoft Windows. Es überzeugt vor allem durch seine Möglichkeiten zur Skalierung von Bildern und der Option, den DPI-Wert anzupassen. Die Webseite ist `https://www.irfanview.com/`.

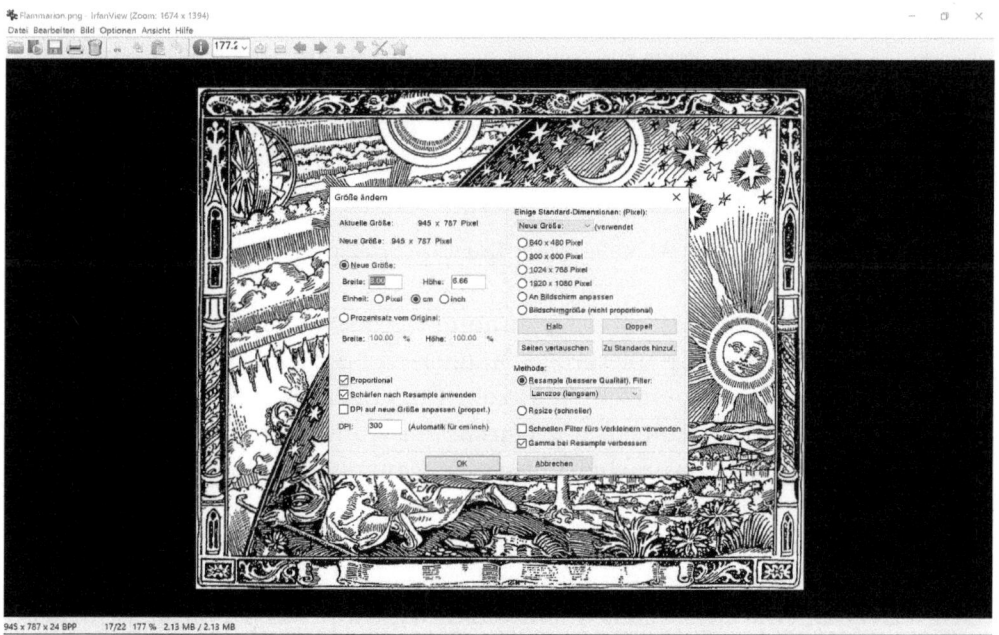

Abbildung 2.4: Bildbetrachter Irfan View

Zum anderen empfehle ich »Gimp«. GIMP (GNU Image Manipulation Program) ist ein pixelbasiertes Grafikprogramm, das Funktionen zur Bildbearbeitung und zum digitalen Malen von Rastergrafiken beinhaltet. Das Programm ist eine freie Software und kann kostenlos genutzt werden. Das Programm ist verfügbar unter `https://www.gimp.org/`.

2.3 Grundlagen von LaTeX

»Boxen, Boxen – ich seh' nur Boxen«

Das Grundprinzip von LaTeX baut auf den mittelalterlichen Bleilettern auf. Jedes Zeichen steht auf einer Grundlinie und ist von einer Box eingerahmt mit einer Höhe über der Grundlinie, einer Tiefe unter der Grundlinie sowie einer Breite. Die Einzelboxen werden zu Wortboxen, diese zu Zeilenboxen und diese

Abbildung 2.5: Das Box-Prinzip

zu Absatz- und dann zu Seitenboxen zusammengefasst. LaTeX berechnet aus den vorgegebenen Werten zu Papiergröße, Ränder und Schriftgrößen die optimalen Abstände zwischen den einzelnen Boxen für ein harmonisches Gesamtbild. Damit sind Herausforderungen wie Durchschuss, Laufweite, Unterschneidung etc., die bei einem Textverarbeitungssystem manuell zu definieren sind, für den Nutzer von LaTeX nicht zu bewältigen.

Für den Autor bleibt damit seine Kernaufgabe, das Schreiben des Textes sowie die Festlegung von Gestaltungsmerkmalen wie Kopf- und Fußzeilen, Gliederungsebenen, Textauszeichnungen, Schriftarten, Tabellen, Grafiken, Listen oder Verzeichnissen. Doch davon mehr in den nächsten Kapiteln.

2.3.1 LaTeX Dokumentstruktur

Die Trennung von Inhalt und Form wird auch bei der Dokumentstruktur deutlich. Ein LaTeX-Dokument besteht aus

- der Präambel mit der Definition der Dokumentklasse mit `\documentclass [Optionen]{Dokumentklasse}`, globalen Definitionen für das Layout sowie der Einbindung von zusätzlichen Paketen, die benötigt werden.

- dem eigentlichen Dokument.

Dokumentklasse

Die erste Zeile der Präambel legt die Dokumentklasse und damit die Dokumentart fest. LaTeX kennt drei grundlegende Dokumentklassen: *report* für Berichte, *article* für Zeitschriftenartikel und *book* für Bücher. Sollen die Vorteile von KOMA-Script zur Anwendung kommen, sind die entsprechenden KOMA-Script-Klassen *scrrpt*, *scrartcl* oder *scrbook* zu verwenden. Der Befehl dazu lautet `\documentclass{scrbook}`. Details zum Dokument sind in den Optionen zu definieren. Bei Nutzung von KOMA-Script erfolgt dies mit der Anweisung `KOMAoptions{...}`.

Darüber hinaus gibt es zahlreiche weitere Klassen beispielsweise für Briefe, Rechnungen, Präsentationen etc.

Damit ist die grundlegende Definition abgeschlossen, alles Weitere erfolgt in den Folgezeilen der Präambel.

Präambel

Die Präambel hat zwei Funktionen: zum einen werden hier alle Pakete benannt, die für das Erstellen des LaTeX-Dokument erforderlich sind. Pakete beinhalten zusätzliche Funktionen, die das Grundsystem für spezielle Aufgaben erweitern. Diese Pakete werden jeweils mit dem Befehl `\usepackage{...}` eingebunden.

Zum anderen werden globale Vorgaben wie beispielsweise Abstände oder Verzeichnisse definiert. Die Präambel legt somit das grundlegende Aussehen des Dokumentes fest.

Dokument

Das Dokument steht in der Umgebung `\begin{document}` ... `\end{document}`. Diese Umgebung ist einmalig vorhanden und beinhaltet sowohl den Text mit seinen Gestaltungselementen als auch die Befehle zur Formatierung. Bei längeren Texten empfehle ich, den Buchblock in einzelne Kapitel aufzuteilen und diese Kapitel in einzelnen TEX-Dateien mit dem Befehl `\include{Dateiname}` einzubinden. Das Hauptdokument, welches diese Filialdokumente einbindet, ist bei TEXstudio über *Optionen – Root-Dokument* als Wurzel-Dokument zu markieren.

Im nachfolgenden Kapitel 3 »Die Dokumentvorlage für Buchprojekte« gehe ich auf die Vorlage für ein Buchprojekt detailliert ein.
Die wichtigsten Befehle zur Formatierung sowie Befehle für Gestaltungselemente wie Listen, Tabellen und Bilder folgen anschließend in Kapitel 4 »LATEX in der Praxis«.

2.3.2 Dokumenterstellung

Aus dem LATEX-Dokument erzeugt der Übersetzer das eigentliche PDF-Dokument anhand der Vorgaben in der Präambel. Während des Übersetzungsvorgangs wird jegliche Aktion gemeldet. Durch die ausführliche Bildschirmausgabe des Übersetzers sollten Sie sich nicht irritieren lassen. Das Box-Konzept bringt unter anderem mit sich, dass jede Box, die unter- oder überfüllt ist, angezeigt wird.

Wichtig sind einzig und allein die Fehlermeldungen. Doch auch hier gilt: keine Panik! Alle Meldungen werden zusammen mit einer Zeilennummer bzw. dem betreffenden Absatz in einer Protokolldatei dokumentiert. Die wichtigsten

Warnungen und Fehlermeldung sowie Tipps zur Abhilfe sind im Anhang aufgeführt.

Ebenso zu beachten ist, für die vollständige Erstellung benötigt LATEX mindestens zwei Durchläufe: im ersten Durchlauf werden das Inhaltsverzeichnis sowie alle weiteren zu erstellenden Verzeichnisse erzeugt. Im zweiten bzw. den folgenden Durchläufen werden diese dann sortiert und in das Dokument eingebunden.

2.3.3 LATEX-Befehle

Die Steuerung von LATEX erfolgt über Befehle, die jeweils mit einem Backslash \ eingeleitet werden. Diese Befehle wirken

- **ohne Parameter** für den nachfolgenden Text bis sie durch einen weiteren Befehl aufgehoben oder geändert werden. Beispiele hierfür sind Änderungen der Schriftfamilie und der Schriftgrößen.
  Sofern nach dem Befehl ein Leerzeichen ausgegeben werden soll, ist dieses mit einem Backslash \ einzuleiten.

- **mit Parameter** für den nachfolgenden Text. Der Text wird in geschweiften Klammern { } angegeben. Weitere Parameter bzw. Optionen werden in eckigen Klammern [ ] übergeben. Beispiele hierfür sind Auszeichnungen von Texten wie Fett oder Kursiv oder Einfügen von Grafiken.

- **als Umgebung** für ein Objekt oder einen Textbereich. Umgebungen definieren Eigenschaften für längere Textbereiche. Beispiele hierfür sind Listen, Tabellen, Grafiken oder zentrierter Text. Die Umgebungen selbst werden jeweils mit `\begin{Umgebung}` ... `\end{Umgebung}` definiert. Das Schlüsselwort *Umgebung* definiert den Typ der Umgebung.

3 Die Dokumentvorlage für Buchprojekte

> Ordnung, Strukturierung und Planung versuchen die Ängste
> vor dem Unberechenbarem zu vertreiben.

(Damaris Wieser)

Vergleichbar den zahlreichen Vorlagen, die bereits für LATEX-Projekte existieren, ist der Kern dieses Buches eine Vorlage für Buchprojekte. Die Vorlage basiert auf den Gestaltungsvorgaben von Books on Demand sowie den Vorgaben des Carola Hartmann Miles Verlages.

3.1 Gestaltungsvorgaben

Die Gestaltungsvorgaben von Books on Demand geben den drucktechnischen Rahmen wie die Buchgrößen sowie Farbgestaltung und Gestaltung der Abbildungen vor. Darüber hinaus umfassen sie die Gestaltung der Titelei, Position der Seitennummern und die Seitennummerierung. Zudem sollten neue Kapitel stets mit einer rechten/ungeraden Seite (Recto) beginnen.

Die Vorgaben des Verlages sind einerseits Garamond als Schriftfamilie sowie die Schriftgrößen für den Text als auch für die Angaben des Titels und des Autors. Andererseits bestehen Vorgaben bzgl. der Gestaltung von Abbildungen, Tabellen und Verzeichnissen. Eine detaillierte Übersicht enthält der Anhang.

Alle Vorgaben zur Makrotypographie werden in der Präambel definiert. Zur Beachtung der Hinweise von Books on Demand bzgl. des Satzspiegels, sollte die Berechnung des Satzspiegels LATEX überlassen werden.

Sie müssen nur darauf achten, dass der fertige Buchblock eine durch vier teilbare Anzahl an Seiten hat.

Neben diesen Vorgaben zur Makrotypographie existieren ebenso Regeln für den Satz von Buchstaben, Symbolen und Wörtern – die Mikrotypographie. Einen guten Überblick bietet Marion Neubauer mit ihren Artikeln in der TEXnischen Komödie.

3.2 Buchprojektvorlage

Die Dokumentvorlage ist in einem Verzeichnis mit nachfolgendem Aufbau und Datei-Inhalten zu entpacken.

```
 1  Buchprojektvorlage-CHMV
 2  |- Bilder
 3  |     + BoD-Logo-klein-RGB.png
 4  |- 000-autor-buchprojekt.tex
 5  |- 000-verlag-praeambel.tex
 6  |- 010-verlag-schmutztitel.tex
 7  |- 020-verlag-fontispiz.tex
 8  |- 030-verlag-titelseite.tex
 9  |- 040-verlag-impressum.tex
10  |- 050-autor-vorwort.tex
11  |- 060-autor-widmung.tex
12  |- 100-verlag-inhaltsverzeichnis.tex
13  |- 110-autor-kapitel_1.tex
14  |- ... weitere Kapitel jeweils als eigene tex-Datei
15  |- 900-autor-anhang.tex
16  |- 901-verlag-abbildungsverzeichnis.tex
17  |- 902-verlag-tabellenverzeichnis.tex
18  |- 903-autor-literaturverzeichnis.tex
19  |- 905-autor-glossar.tex
20  |- 906-autor-abkuerzungsverzeichnis.tex
21  |- 908-verlag-stichwortverzeichnis.tex
22  |- 909-verlag-personenverzeichnis.tex
23  |- 990-verlag-autoren.tex
24  +- 999-verlag-verlagsverzeichnis.tex
```

Listing 3.1: Organisation der Dokumentvorlage

Mit den Bezeichnungen *-autor-* und *-verlag-* im Dateinamen wird kenntlich gemacht, wer die inhaltliche Verantwortung trägt.

Aufbau und Inhalt der jeweiligen Dateien werden in den nachfolgenden Abschnitten detailliert dargestellt und erklärt.

Erläuterungen

Zeile 1 Die Dokumentvorlage wird in einem Verzeichnis verwaltet.

Zeile 2 Die Bilder für das Buchprojekt werden in einem Unterverzeichnis verwaltet.

Zeile 3 Das Logo von Books on Demand für den Schmutztitel.

Zeile 4 Die zentrale Verwaltung des Buchprojektes erfolgt mit der Datei `000-autor-buchprojekt.tex`.

Zeile 5 Die zentrale Steuerung des Layouts und damit der Bucherstellung erfolgt mit der Datei `000-verlag-praeambel.tex`.

Zeile 6-9 Die Dateien für die Titelei.

Zeile 10-11 Die Dateien für Vorwort und Widmung.

Zeile 12-14 Die Dateien für den eigentlichen Buchblock.

Zeile 15-23 Die Dateien für den Anhang.

Zeile 24 Die aktuelle Übersicht des Verlagsprogramms des Carola Hartmann Miles Verlages.

3.2.1 000-autor-buchprojekt.tex

Die Datei *000-auto-buchprojekt.tex* ist die zentrale Datei für die Verwaltung des Buchprojektes. Sie dient als zusammenfassende Klammer und bindet neben der Präambel mit den Layoutvorgaben alle erforderlichen Inhaltsdateien ein. Über das Kommentarsymbol % wird durch den Autor festgelegt, welche Datei in seiner inhaltlichen Verantwortung eingebunden werden soll. Diese Dateien werden durch *-autor-* im Dateinamen definiert. Beginnt die Zeile mit dem Kommentarzeichen, wird diese Zeile ignoriert und die betreffende Datei nicht für das Buchprojekt berücksichtigt.

Inhalt und Aufbau der Datei:

```
1  \include{000-verlag-praeambel}
2  \begin{document}
3  \pagestyle{empty}
4  \addtocontents{toc}{\protect\thispagestyle{empty}}
5  \include{010-verlag-schmutztitel}
6  \include{020-autor-frontispiz}
7  \include{030-verlag-titel}
8  \include{040-verlag-impressum}
9  \include{050-autor-vorwort}
10 \include{060-autor-widmung}
11 \include{100-verlag-inhaltsverzeichnis}
12 \pagestyle{plain}
13 \include{110-autor-einfuehrung}
14 \include{120-autor-hauptteil}
15 \include{130-autor-schluss}
16 \include{900-autor-anhang}
17 \include{901-verlag-abbildungsverzeichnis}
18 \include{902-verlag-tabellenverzeichnis}
19 \include{903-verlag-listingverzeichnis}
20 \include{904-autor-literaturverzeichnis}
21 \include{905-autor-glossar}
22 \include{906-autor-abkuerzungsverzeichnis}
23 \include{908-verlag-stichwortverzeichnis}
24 \include{909-verlag-personenverzeichnis}
25 \include{990-verlag-autorenverzeichnis}
26 \include{999-verlag-milesverlagsprogramm}
27 \end{document}
```

Listing 3.2: Datei 000-autor-buchprojekt.tex

Erläuterungen

Zeile 1 \include{000-verlag-praeambel}
Bindet die Datei *000-verlag-praeambel.tex* in das Buchprojekt ein. Der Dateiname ist ohne Endung anzugeben. Der Befehl \include sorgt zudem dafür, dass die Inhalte dieser Datei auf einer neuen Seite beginnen.

Zeile 2 \begin{document}
Hier beginnt das eigentliche Buch-Dokument.

Zeile 3\pagestyle{empty}
Ab hier wird die Ausgabe der Seitenzahlen unterdrückt.

Zeile 4 \addtocontents{toc}\protect\thispagestyle{empty}
Die Ausgabe der Seitenzahlen wird auch im Inhaltsverzeichnis unterdrückt.

Zeile 5-11 \include{ ... }
Bindet die Dateien der Titelei sowie Vorwort, Widmung und Inhaltsverzeichnis ein. Der Befehl \include sorgt zudem dafür, dass die Inhalte dieser Datei jeweils auf einer neuen Seite beginnen.

Zeile 12 \pagestyle{plain}
Ab hier werden die Seitenzahlen wieder angezeigt.

Zeile 13-26 \include{ ... }
Bindet alle weiteren erforderlichen Inhalts-Dateien ein. Der Befehl \include sorgt zudem dafür, dass die Inhalte dieser Datei jeweils auf einer neuen Seite beginnen.

Zeile 27 \end{document}
Hier endet das Dokument - dies ist die letzte Zeile im Buchprojekt.

3.2.2 000-verlag-praeambel.tex

Die Präambel enthält alle Befehle zur Steuerung des Layouts, Einbindung von zusätzlichen Paketen und der Dokumenterstellung.

Die Pflege der Datei – Inhalt und Struktur – erfolgt durch den Verlag.

Inhalt und Aufbau der Datei:

```
1  \documentclass{scrbook}
2  \KOMAoptions{
3      paper=155mm:220mm,
4      BCOR=10mm,
5      DIV=calc,
6      fontsize=11pt,
7      twoside=on,
8      headinclude=false,
9      footinclude=false,
10     headings=normal,
11     chapterentrydots=false,
12     open=right,
13     parskip=full*,
14     toc=index,
15     toc=listof,
16     toc=bibliography}
17 \usepackage[protrusion=true,expansion=false]{microtype}
18 \usepackage[utf8]{inputenc}
19 \usepackage[T1]{fontenc}
20 \usepackage{german}
21 \usepackage{ngerman}
22 \usepackage[german, ngerman]{babel}
23 \usepackage[autostyle, german=guillemets]{ csquotes}
24 \usepackage{graphicx}
25 \usepackage{subfig}
26 \usepackage{floatrow}
27 \usepackage{wrapfig}
28 \usepackage{rotating}
29 \usepackage{filecontents}
30 \begin{filecontents}{mystyle.ist}
31     headings_flag    1
32     heading_prefix  "{\\bfseries "
33     heading_suffix  "\\hfil}\\nopagebreak\n"
34     delim_0 "\\dotfill"
```

```
35      delim_1 "\\dotfill"
36      delim_2 "\\dotfill"
37      delim_r "--"
38      suffix_2p "\\,f."
39      suffix_3p "\\,ff."
40      quote '+'
41  \end{filecontents}
42  \usepackage{imakeidx}
43  \makeindex[name=Stichwortverzeichnis,title=Stichwortverzeichnis,
    columns=2, options=-s mystyle]
44  \makeindex[name=Personenverzeichnis,title=Personenverzeichnis,
    columns=2, options=-s mystyle]
45  \indexsetup{toclevel=section,noclearpage}
46  \usepackage[font=small]{idxlayout}
47  \usepackage{scrlayer-scrpage}
48  \RedeclareSectionCommands[toclinefill=\hfill]{section,subsection}
49  \usepackage{ebgaramond}
50  \usepackage[hyphens]{url}
51  \expandafter\def\expandafter\UrlBreaks\expandafter{\UrlBreaks%
    save the current one
52  \do\a\do\b\do\c\do\d\do\e\do\f\do\g\do\h\do\i\do\j%
53  \do\k\do\l\do\m\do\n\do\o\do\p\do\q\do\r\do\s\do\t%
54  \do\u\do\v\do\w\do\x\do\y\do\z\do\A\do\B\do\C\do\D%
55  \do\E\do\F\do\G\do\H\do\I\do\J\do\K\do\L\do\M\do\N%
56  \do\O\do\P\do\Q\do\R\do\S\do\T\do\U\do\V\do\W\do\X%
57  \do\Y\do\Z}
58  \usepackage{pifont}
59  \usepackage{longtable}
60  \usepackage{listings}
61  \lstset{numbers=left,
62          numberstyle=\tiny,
63          stepnumber=1,
64          numbersep=5pt,
65          basicstyle=\ttfamily\footnotesize\raggedright,
66          breaklines=true,
67          breakindent=0pt,
68          language={[LaTeX]TeX}}
69  \lstset{literate=%
70      {Ö}{{\"O}}1
71      {Ä}{{\"A}}1
72      {Ü}{{\"U}}1
73      {ß}{{\ss}}1
74      {ü}{{\"u}}1
75      {ä}{{\"a}}1
76      {ö}{{\"o}}1
```

```
77        {~}{{\textasciitilde}}1}
78 \pagenumbering{arabic}
79 \clearpairofpagestyles
80 \cfoot{\pagemark}
81 \setkomafont{disposition}{\bfseries}
82 \setkomafont{caption}{\footnotesize\selectfont}
83 \setkomafont{captionlabel}{\footnotesize}
84 \graphicspath{{C:\Users\thoma\OneDrive - EDV-Beratung und
   Softwareentwicklung\Latex-BoD\Zimmermann-Latex\Bilder}}
85 \deffootnote[1em]{1em}{0pt}{\textsuperscript{\thefootnotemark}}
86 \deffootnotemark{\thefootnotemark\,}
87 \renewcommand*{\dictumwidth}{0.66\textwidth}
88 \renewcommand*\raggeddictumtext{}
89 \setkomafont{descriptionlabel}{\normalfont\bfseries}
```

Listing 3.3: Datei 000-verlag-praeambel.tex

Erläuterungen

Zeile 1 \documentclass{scrbook}
Das Buch basiert auf der KOMA-Script-Klasse *scrbook*.

Zeile 2 \KOMAoptions{...}
Die grundlegenden Parameter für die Berechnung des Satzspiegels werden in den Optionen definiert.

Zeile 3 paper=155mm:220mm
Die Seitengröße ist 155mm x 220mm.

Zeile 4 BCOR=5mm
Die Breite der Bindekorrektur wird auf 5mm gesetzt.

Zeile 5 DIV=calc
Die Werte für einen optimalen Satzspiegel werden durch LaTeX berechnet.

Zeile 6 fontsize=11pt
Schriftgröße der Grundschrift ist 11pt.

Zeile 7 twoside=on

Das Buch ist doppelseitig gesetzt. Damit wird bei der Berechnung des Satzspiegels der äußere Rand doppelt so groß gesetzt wie der innere Rand.

Zeile 8 headinclude=false
Die Kopfzeile wird nicht zum Textkörper gerechnet, sondern zum Rand.

Zeile 9 footinclude=false
Die Fußzeile wird nicht zum Textkörper gerechnet, sondern zum Rand.

Zeile 10 headings=normal
Die Überschriften werden mit einer reduzierten Größe passend zum Satzspiegel gesetzt.

Zeile 11 chapterentrydots=false
Im Inhaltsverzeichnis wird für die Kapitel-Ebene keine punktierte Linie zwischen Eintrag und Seitenzahl ausgegeben.

Zeile 12 open=right
Kapitel beginnen auf einer rechten Seite. Damit werden bei Bedarf Leerseiten eingefügt, um im doppelseitigen Satz auf die nächste rechte Seite zu gelangen.

Zeile 13 parskip=full*
Absatzenden werden durch einen Leerraum von mindestens einem Drittel einer Zeile gekennzeichnet; der Abstand zwischen Absätzen ist eine Zeile.

Zeile 14 toc=index
Das Stichwortverzeichnis erhält – sofern vorhanden – einen Eintrag im Inhaltsverzeichnis. Der Eintrag wird nicht nummeriert.

Zeile 15 toc=listof
Das Abbildungs- und Tabellenverzeichnis erhält – sofern vorhanden – einen Eintrag im Inhaltsverzeichnis. Der Eintrag wird nicht nummeriert.

Zeile 16 toc=bibliography
Das Literaturverzeichnis erhält – sofern vorhanden – einen Eintrag im Inhaltsverzeichnis. Der Eintrag wird nicht nummeriert.

Zeile 17 \usepackage[protrusion=true,expansion=false]{microtype}
Bindet das Paket *microtype* ein, das ein typographisches Feintuning ermöglicht. Mit dem Parameter *protrusion* wird der rechte Rand optimiert. Der Parameter *expansion* steuert die Veränderung der Zeichenabstände innerhalb der Wörter. Bei den Garamond-Schriftfamilien Cormorantgaramond oder ebgaramond von LATEX sind die Einstellungen \usepackage[protrusion=true,expansion=false] {microtype}. Bei Verwendung der Schriftfamilie lmodern sind die Einstellungen \usepackage[protrusion=true,expansion=true]{microtype}.

Zeile 18 \usepackage[utf8]{inputenc}
Bindet das Paket *inputenc* ein, das die direkte Eingabe der deutschen Umlaute über die Tastatur bereitstellt.

Zeile 19 \usepackage[T1]{fontenc}
Bindet das Paket *fontenc* ein, das die europäischen Zeichensätze mit Vektorzeichensätzen bereitstellt.

Zeile 20 \usepackage{german}
Bindet das Paket *german* ein, das die deutsche Sprache aktiviert.

Zeile 21 \usepackage{ngerman}
Bindet das Paket *ngerman* ein, das die neue deutsche Rechtschreibung bereitstellt.

Zeile 22 \usepackage[german,ngerman]{babel}
Bindet das Paket *babel* ein, das mit den Parametern *german* und *ngerman* sprachspezifische Einstellungen für die deutsche Sprache mit der neuen deutschen Rechtschreibung bereitstellt.

Zeile 23 \usepackage[autostyle,german=guillemets]{csquotes}
Bindet das Paket *csquotes* ein, das sprachspezifische Einstellungen für Anführungszeichen bereitstellt. Mit dem Parameter »german=guillemets« wird die Vorgabe dokumentweit auf die Verwendung der französischen *guillemets* eingestellt.

Zeile 24 \usepackage{graphicx}
Bindet das Paket *graphicx* ein, das Zusatzfunktionen für die Einbindung von

Grafiken bereitstellt.

Zeile 25 \usepackage{subfig}
Bindet das Paket *subfig* ein, das Zusatzfunktionen für das Setzen von Grafikensembles bereitstellt.

Zeile 26 \usepackage{wrapfig}
Bindet das Paket *wrapfig* ein, das Zusatzfunktionen für das Umfließen von Bildern und Tabellen bereitstellt.

Zeile 27 \usepackage{floatrow}
Bindet das Paket *floatrow* ein, das Zusatzfunktionen für das Setzen von Bildtafeln bereitstellt.

Zeile 28 \usepackage{rotating}
Bindet das Paket *rotating* ein, das Zusatzfunktionen für das Rotieren von Tabellen und Abbildungen bereitstellt.

Zeile 29 \usepackage{filecontents}
Bindet das Paket *filecontents* ein, das Zusatzfunktionen für das Schreiben von Text-Dateien bereitstellt.

Zeile 30 \begin{filecontents}{mystyle.ist}
Beginn einer *filecontents*-Umgebung. Die Inhalte dieser Umgebung steuern die Formatierung des Stichwort- und Personenregisters. Sie werden hierzu zeilenweise in die Datei *mystyle.ist* geschrieben.

Zeile 31 headings_flag 1
Im Index wird jede Buchstabengruppe mit dem entsprechenden Buchstaben eingeleitet.

Zeile 32 heading_prefix "{\\bfseries "
Der Buchstabe wird fett gesetzt.

Zeile 33 heading_suffix "\\hfil}\\nopagebreak\n"
Der Buchstabe wird linksbündig gesetzt; anschließend erfolgt kein Seitenumbruch.

Zeile 34, 35, 36 delim_0 "\\dotfill"
Es werden Punkte zwischen Einträgen und Seitenzahlen gesetzt.

Zeile 37 delim_r "\\dotfill"
Trenner zwischen Start und Ende eines Seitenbereiches.

Zeile 38 suffix_2p "\\,f."
Suffix bei einem Bereich aus 2 Seiten.

Zeile 39 suffix_3p "\\,ff."
Suffix bei einem Bereich aus 3 Seiten.

Zeile 40 quote '+'
Damit die Register »deutsch« sortiert werden können.

Zeile 41 \end{filecontents}
Ende der *filecontents*-Umgebung.

Zeile 42 \usepackage{imakeidx}
Bindet das Paket *imakeidx* ein, das Zusatzfunktionen für die Erstellung von Indizes/Verzeichnissen bereitstellt.

Zeile 43 \makeindex[name=Stichwortverzeichnis,title=. . .]
Erstellt ein Stichwortverzeichnis, das zweispaltig ausgegeben wird. Die Formatierung wird der Datei *mystyle.ist* entnommen.

Zeile 44 \makeindex[name=Personenverzeichnis,title=. . .]
Erstellt ein Personenverzeichnis, das zweispaltig ausgegeben wird. Die Formatierung wird der Datei *mystyle.ist* entnommen.

Zeile 45 \indexsetup{level=\chapter*, toclevel=chapter}
Die Indizes/Verzeichnisse werden im Inhaltsverzeichnis jeweils auf der Ebene Kapitel eingetragen.

Zeile 46 \usepackage[font=small]{idxlayout}
Bindet das Paket *idxlayout* ein, das Zusatzfunktionen für das Layout von Verzeichnissen bereitstellt und die Schriftgröße für den Index auf small setzt.

Zeile 47 \usepackage{scrlayer-scrpage}
Bindet das Paket *scrlayer-scrpage* ein, das Funktionen für die individuelle Gestaltung von Kopf- und Fußzeilen bereitstellt.

Zeile 48 \RedeclareSectionCommands[toclinefill=\hfill]{section,subsection}
Löscht die Punkte zwischen Verzeichniseintrag und Seitennummer

Zeile 49 \usepackage{ebgaramond}
Bindet das Paket *ebgaramond* ein, das die Schrift auf Garamond umstellt. Ein alternatives Paket wäre *cormorantgaramond*.

Zeile 50 \usepackage[hyphens]{url}
Einbinden des Paketes *url*, das Funktionen zum Setzen von Internet-Adressen bereitstellt. Mit der Option *hyphen* sind Zeilenumbrüche nach allen definierten Trennzeichen erlaubt.

Zeile 51 \expandafter\def\expandafter\UrlBreaks\expandafter{...}
Definiert die Trennzeichen, nach denen ein Zeilenumbruch einer Internet-Adresse erfolgen kann.

Zeile 58 \usepackage{pifont}
Einbinden des Paketes *pifont*, das zahlreiche Zeichensätze – unter anderem Zapf-Dingbats – einbindet und die Symbole zur Verfügung stellt.

Zeile 59 \usepackage{longtable}
Einbinden des Paketes *longtable*, das Seitenumbrüche in Tabellen ermöglicht.

Zeile 60 \usepackage{listings}
Einbinden des Paketes *listings*, das Funktionen zur Ausgabe von Programmiercode bereitstellt.

Zeile 61 \lstset{numbers=left, ...}
Steuert die Formatierung des Quelltextes:
numbers: Die Zeilennummern werden links ausgegeben.
numberstyle: Die Zeilennummern werden in der Schriftgröße \tiny gesetzt.
stepnumber: Die Zeilennummern werden um Eins erhöht.

numbersep: Die Zeilennummern stehen im Abstand 5 pt.

basicstyle: Formatierung des Listings.

breaklines: Zeilenumbrüche sind erlaubt.

breakindent: Bei Zeilenumbruch erfolgt kein Einzug.

language: Die Programmiersprache ist LATEX.

Zeile 69 \lstset{literate= ... }
Ermöglicht deutsche Umlaute im auszugebenden Quelltext.

Zeile 78 \pagenumbering{arabic}
Die Seitennummerierung erfolgt mit arabischen Zahlen.

Zeile 79 \clearpairofpagestyles
Bisherige Einstellungen für Kopf- und Fußzeilen werden gelöscht.

Zeile 80 \cfoot{\pagemark}
Die Seitenzahl wird mittig in der Fußzeile gesetzt.

Zeile 81 \setkomafont{disposition}{\bfseries}
Mit dieser Änderung verzichten Sie darauf, für alle Gliederungsebenen serifenlose Schrift voreinzustellen.

Zeile 82, 83 \setkomafont{caption}{\footnotesize \selectfont}
Die Schriftgröße für Beschriftungen von Abbildungen und Tabellen wird auf *footnotesize* eingestellt. *caption* ist die Beschriftung; *captionlabel* ist der Typ – also Abbildung, Tabelle, Listing, etc.

Zeile 84 \graphicspath{{C:\Users ...
Das Suchverzeichnis für Grafiken wird definiert.

Zeile 85 \deffootnote[1em]{1em}{0pt}{^{\thefootnotemark}}
Die Fußnote wird definiert mit
Markenbreite: 1 em
Einzug: 1 em
Absatzeinzug: 0 pt
Fußnotenmarke ist hochgestellt.

1 em ist die Breites des Buchstaben *M* in der aktuellen Schrift.

Zeile 86 \deffootnotemark{\thefootnotemark\,}
An die Fußnotenmarke wird ein Leerzeichen angefügt.

Zeile 87 \renewcommand*{\dictumwidth}{0.66\textwidth}
Die Breite des Schlauen Spruches wird auf 2/3 der Textbreite gesetzt.

Zeile 88 \renewcommand*\raggeddictumtext{}
Der Text im Schlauen Spruch wird im Blocksatz gesetzt.

Zeile 89 \setkomafont{descriptionlabel}{\normalfont \bfseries}
Das Label in einer description-Umgebung wird in der Standardschriftart in
Fett gesetzt.

3.2.3 010-verlag-schmutztitel.tex

Der Schmutztitel ist die erste Seite der Titelei. Er enthält zum einen Vornamen
und Namen der Autorin/des Autors/der Autoren bzw. Herausgeberin/Heraus-
geber. Zum anderen enthält der Schmutztitel den Titel und ggf. Untertitel des
Buches. Am Seitenende steht das Books on Demand-Logo. Die Schriftgröße ist
\Large. Eine Seitennummer wird nicht ausgegeben.

Die Pflege der Datei – Inhalt und Struktur – erfolgt durch den Verlag.

Inhalt und Aufbau der Datei :

```
1 \large
2 Thomas Zimmermann\newline
3 Am Anfang ist das Wort, nicht WORD\newline
4 Der Rest ist \TeX nik\par
5 \vfill
6 \begin{center}
7 \includegraphics[height=1cm]{Bilder/BoD-Logo-klein-RGB.png}
8 \end{center}
```

Listing 3.4: Datei 010-verlag-schmutztitel.tex

Erläuterungen

Zeile 1 \large
Setzt die Schriftgröße *large*. Die absolute Schriftgröße in Punkt wird in Abhängigkeit von der Grundschriftgröße, die in der Präambel definiert wurde, festgelegt.

Zeile 2 \newline
Fügt einen Zeilenumbruch ein.

Zeile 4 \par
Fügt einen Absatzumbruch ein.

Zeile 5 \vfill
Füllt mit vertikalem Leerraum auf, damit die nächsten Elemente bündig am Seitenende abschließen.

Zeile 6 \begin{center}
Hier beginnt eine zentrierte Umgebung.

Zeile 7 \includegraphic ...
Bindet das Books on Demand-Logo ein und setzt die vertikale Ausdehnung auf 1cm.

Zeile 8 \end{center}
Hier endet eine zentrierte Umgebung.

3.2.4 020-autor-frontispiz.tex

Das Frontispiz ist die zweite Seite der Titelei. Sie ist entweder leer oder enthält eine dekorative Grafik passend zum Buch. Die Schriftgröße ist \normalsize. Eine Seitennummer wird nicht ausgegeben.

Die Pflege der Datei – Struktur – erfolgt durch den Verlag. Für den Inhalt ist der Autor verantwortlich.

Inhalt und Aufbau der Datei:

```
1 \normalsize
```

Listing 3.5: Datei 020-autor-frontispiz.tex, ohne Grafik

Erläuterungen

Zeile 1 \normalsize
Setzt die Schriftgröße *normalsize*. Die absolute Schriftgröße in Punkt entspricht der Grundschriftgröße, die in der Präambel definiert wurde.

Nachfolgend eine Version mit Grafik und ergänzendem Hinweis zur Handhabung des Buches.

```
1  \normalsize
2  \par
3  \vspace*{2cm}
4  \begin{center}
5  \includegraphics[width=8cm]{Bilder/Buchdrucker-1568.png}
6  \linebreak
7  \captionof{figure}{Buchdruck im 16. Jahrhundert}
8  \end{center}
9  \par
10 \vfill
11 \normalsize
12 Die Informationen in diesem Buch sind mit Sorgfalt recherchiert
   und praxiserprobt. Gleichwohl sind Fehler nicht zu verhindern.
   Autor und Verlag übernehmen keine Verantwortung für eventuell
   verbliebene Fehler und entstehende Probleme. Sollten ...
```

Listing 3.6: Datei 020-autor-frontispiz.tex, mit Grafik

Erläuterungen

Zeile 3 \vspace*2cm
Fügt zu Beginn der Seite einen vertikalen Leerraum von 2 cm ein.

Zeile 7 \captionof {figure}{Beschriftung}
Fügt eine Beschriftung zum Bild hinzu. Mit dem Parameter *figure* wird die Beschriftung in das Abbildungsverzeichnis aufgenommen.

3.2.5 030-verlag-titelseite.tex

Die Titelseite ist die dritte Seite der Titelei. Sie ergänzt die Angaben des Schmutztitels um Angaben zum Verlag und zum Erscheinungsjahr. Die Schriftgröße ist \Large. Eine Seitennummer wird nicht ausgegeben.

Die Pflege der Datei – Inhalt und Struktur – erfolgt durch den Verlag.

Inhalt und Aufbau der Datei:

```
1  \newpage
2  \par
3  \vspace*{2cm}
4  \begin{bfseries}
5  \begin{center}
6  \LARGE
7  Im Fokus ist das Wort, nicht WORD.\par
8  Der Rest ist \TeX nik\par
9  \vspace{1cm}
10 Eine Dokumentvorlage für Autoren\par
11 \vspace{2cm}
12 \Large
13 Thomas Zimmermann\par
14 \vfill
15 2019\par
16 \noindent
17 \rule{\textwidth}{1pt}
18 \par
19 Carola Hartmann Miles Verlag
20 \end{center}
21 \end{bfseries}
```

Listing 3.7: Datei 030-verlag-titelseite.tex

Erläuterungen

Zeile 4 \begin{bfseries}
Beginn einer Umgebung, die den Text in fett setzt.

Zeile 9 \LARGE
Setzt die Schriftgröße auf *LARGE*

Zeile 16 \noindent
Sorgt am Anfang eines Absatzes dafür, dass die erste Zeile nicht eingerückt wird.

Zeile 17\rule{\textwidth}{1pt}
Zieht eine horizontale Linie in der Stärke 1 pt über die gesamte Textbreite.

Zeile 20 \end{bfseries}
Ende einer Umgebung, die den Text in fett setzt.

3.2.6 040-verlag-impressum.tex

Das Impressum ist die vierte Seite der Titelei. Es enthält den Vermerk der Deutschen Nationalbibliothek, Angaben zum Copyright, zu Herstellung und Verlag, die ISBN, sowie das FSC®-Logo, welches durch BoD seit dem 01.09.2011 oben mittig in alle neu angelegten Bücher eingedruckt wird. Entsprechend ist dieser Platz freizulassen. Die Schriftgröße ist \Large. Eine Seitennummer wird nicht ausgegeben.

Die Pflege der Datei – Inhalt und Struktur – erfolgt durch den Verlag.

Inhalt und Aufbau der Datei:

```
1  \normalsize
2  \par
3  \vspace*{5cm}
4  \textit{Bibliografische Information der Deutschen
   Nationalbibliothek:}
5  \newline
6  Die Deutsche Nationalbibliothek verzeichnet diese Publikation in
   der Deutschen Nationalbibliografie; detaillierte bibliografische
   Daten sind im Internet über \url{http://dnb.dnb.de} abrufbar.
7  \par
8  \vfill
9  \begin{longtable}{p{2cm}p{10cm}}
10 \textcopyright\ 2019 & Carola Hartmann Miles Verlag\\
11 & George-Caylay-Straße 38\\
```

```
12 & 14089 Berlin\\
13 & www.miles-verlag.jimdo.de\\
14 & E-Mail: miles-verlag@t-online.de\\
15 \end{longtable}
16 \vspace*{1cm}
17 Herstellung und Verlag: BoD - Books on Demand, Norderstedt\\
18 \newline
19 Titelbild: Carola Hartmann Miles Verlag\par
20 %
21 Alle Rechte, insbesondere das Recht der Vervielfältigung und
   Verbreitung sowie der Übersetzung, vorbehalten. ...\newline
22 \newline
23 Printed in Germany\newline
24 \newline
25 ISBN: 978-3-945861-xx-x
```

Listing 3.8: Datei 040-verlag-impressum.tex

Erläuterungen

Zeile 4 \textit{Text}
Schreibt den Text Kursiv/Italic.

Zeile 9 \begin{longtable}{p{2cm}p{10cm}}
Hier beginnt eine Tabelle mit zwei Spalten mit den Breiten 2 cm und 10 cm

Zeile 10 \textcopyright
Fügt das Copyright-Zeichen © ein.

Zeile 10 &
Trennzeichen für die Spalten einer Tabelle.

Zeile 15 \end{longtable}
Hier endet die Tabelle.

Zeile 16 \vspace*{1cm}
Erzeugt einen vertikalen Abstand der Höhe 1 cm.

50

3.2.7 050-autor-vorwort.tex

Das Vorwort ist eine optionale Seite, die dem Buchblock vorangestellt ist. Die Schriftgröße ist \normalsize. Eine Seitennummer wird nicht ausgegeben. Der Eintrag im Inhaltsverzeichnis wird nicht nummeriert.

Die Pflege der Datei – Struktur – erfolgt durch den Verlag. Für den Inhalt ist der Autor verantwortlich.

Inhalt und Aufbau der Datei:

```
1 \addchap{Vorwort}
2 \normalsize
3 Lorem ipsum dolor sit amet, consetetur sadipscing ...
```

Listing 3.9: Datei 050-autor-vorwort.tex

Erläuterungen

Zeile 1 \addchap{Vorwort}
Fügt im Inhaltsverzeichnis den Eintrag *Vorwort* hinzu. Der Eintrag wird nicht nummeriert.

3.2.8 060-autor-widmung.tex

Die Widmung ist eine optionale Seite, die dem Buchblock vorangestellt ist. Die Schriftgröße ist \normalsize. Eine Seitennummer wird nicht ausgegeben. Der Eintrag im Inhaltsverzeichnis wird nicht nummeriert.

Die Pflege der Datei – Struktur – erfolgt durch den Verlag. Für den Inhalt ist der Autor verantwortlich.

Inhalt und Aufbau der Datei:

```
1 \addchap{Widmung}
2 \normalsize
```

```
3  Lorem  ipsum  dolor  sit  amet,  consetetur  sadipscing  elitr,  sed  diam
   nonumy  eirmod  tempor  invidunt  ut  labore  et  dolore  magna
```

Listing 3.10: Datei 060-autor-widmung.tex

Erläuterungen

Zeile 1 \addchap{Widmung}
Fügt im Inhaltsverzeichnis den Eintrag *Widmung* hinzu. Der Eintrag wird
nicht nummeriert.

3.2.9 100-verlag-inhaltsverzeichnis.tex

Eine Seitennummer wird nicht ausgegeben.

Die Pflege der Datei – Struktur – erfolgt durch den Verlag. Der Inhalt ist durch
den Autor im Text durch die Gliederungsbefehle zu definieren.

Inhalt und Aufbau der Datei:

```
1  \tableofcontents
```

Listing 3.11: Datei 100-verlag-inhaltsverzeichnis.tex

Erläuterungen

Zeile 1 \tableofcontents
Gibt das Inhaltsverzeichnis aus.

3.2.10 110-autor-kapitel.tex

Hier beginnt der eigentliche Text des Buches – der Buchblock. Die Befehle zur
Textgliederung, Schriftgestaltung, zum Erstellen von Tabellen, Einbinden von
Grafiken etc. sind im nächsten Kapitel aufgeführt.

Die Pflege der Datei – Struktur – erfolgt durch den Verlag. Für den Inhalt ist der Autor verantwortlich.

Für den Buchblock sind zwei Optionen möglich:

1. **Monographie** Ein Druckwerk eines Autors.

2. **Sammelband** Ein Druckwerk mehrerer Autoren mit entsprechend getrennten Verzeichnissen

Monographie

Inhalt und Aufbau der Dateien für die einzelnen Kapitel:

```
1 \normalsize
2 %
3 \chapter{Jetzt geht es los}
4 Lorem ipsum dolor sit amet, consetetur sadipscing elitr, sed diam
    nonumy eirmod tempor invidunt ut labore et dolore magna aliquyam
    erat, sed diam voluptua. At vero eos et accusam et
5 %
6 \section{und es wird gegliedert}
7 justo duo dolores et ea rebum. Stet clita kasd gubergren, no sea
    takimata sanctus est Lorem ipsum dolor sit amet.
```

Listing 3.12: Datei 110-autor-kapitel.tex für eine Monographie

Erläuterungen

Zeile 2 %
Mit dem Kommentarsymbol % können Leerzeilen zur Strukturierung eingefügt werden.

Zeile 3 \chapter
Einfügen einer Kapitelüberschrift.

Zeile 6 \section
Einfügen einer Abschnittsüberschrift.

Sammelband

Inhalt und Aufbau der Dateien für die einzelnen Beiträge:

```
1  \normalsize
2  %
3  \chapter{Jetzt geht es los}
4  \addtocontents{toc}{Autor}
5  \Large Autor
6  \normalsize
7  \minitoc
8  \begin{refsection}
9     Lorem ipsum dolor sit amet, consetetur sadipscing elitr, sed
       diam nonumy eirmod tempor invidunt ut labore et dolore magna
       aliquyam erat, sed diam voluptua. At vero eos et accusam et
10 %
11    \section{und es wird gegliedert}
12    justo duo dolores et ea rebum. Stet clita kasd gubergren, no
       sea takimata sanctus est Lorem ipsum dolor sit amet.
13    \printbibliography
14 \end{refsection}
15 \huge \textbf{Abbildungsverzeichnis}
16 \minilof
17 \huge \textbf{Tabellenverzeichnis}
18 \minilot
```

Listing 3.13: Datei 110-autor-kapitel.tex für einen Sammelband

Erläuterungen

Zeile 2 %
Mit dem Kommentarsymbol % können Leerzeilen zur Strukturierung eingefügt werden.

Zeile 3 \chapter
Einfügen einer Kapitelüberschrift.

Zeile 4 \addtocontents{toc}{Autor}
Einfügen eines Eintrages im Inhaltsverzeichnis; hinzugefügt wird der *Autor* des Beitrages. Der Eintrag kann mit beliebigen Befehlen formatiert werden. Bspw. rückt `\hspace*{1cm}Autor` den Eintrag *Autor* 1 cm ein.

Zeile 5 \Large Autor
Gibt den *Autor* in der Schriftgröße *Large* aus.

Zeile 6 \normalsize
Setzt die Schriftgröße auf *normalsize*.

Zeile 7 \minitoc
Gibt ein Mini-Inhaltsverzeichnis für das aktuelle Kapitel aus. Details siehe 4.17.1 Mini-Inhaltsverzeichnis auf Seite 106. Soll das Verzeichnis nicht ausgegeben werden, ist die Zeile zu löschen oder mit % als Kommentar zu kennzeichnen.

Zeile 8 \begin{refsection}
Beginn einer Umgebung, in der Einträge für ein Literaturverzeichnis gesammelt werden. Diese Umgebung ist erforderlich, wenn die LATEX-Funktionen für ein Literaturverzeichnis genutzt werden sollen. Andernfalls ist die Zeile mit % als Kommentar zu kennzeichnen.

Zeile 11 \section
Einfügen einer Abschnittsüberschrift.

Zeile 14 \end{refsection}
Ende einer Umgebung, in der Einträge für ein Literaturverzeichnis gesammelt werden. Diese Umgebung ist erforderlich, wenn die LATEX-Funktionen für ein Literaturverzeichnis genutzt werden sollen. Andernfalls ist die Zeile mit % als Kommentar zu kennzeichnen.

Zeile 15 \huge \textbf{Abbildungsverzeichnis}
Gibt die Überschrift »Abbildungsverzeichnis« aus. Soll das Verzeichnis nicht ausgegeben werden, ist die Zeile zu löschen oder mit % als Kommentar zu kennzeichnen.

Zeile 16 \minilof
Gibt ein Mini-Abbildungsverzeichnis für das aktuelle Kapitel aus. Details siehe 4.17.2 Mini-Abbildungsverzeichnis auf Seite 107. Soll das Verzeichnis nicht ausgegeben werden, ist die Zeile zu löschen oder mit % als Kommentar zu kennzeichnen.

Zeile 17 \huge \textbf{Tabellenverzeichnis}
Gibt die Überschrift »Tabellenverzeichnis« aus. Soll das Verzeichnis nicht ausgegeben werden, ist die Zeile zu löschen oder mit % als Kommentar zu kennzeichnen.

Zeile 18 \minilot
Gibt ein Mini-Tabellenverzeichnis für das aktuelle Kapitel aus. Details siehe 4.17.3 Mini-Tabellenverzeichnis auf Seite 108. Soll das Verzeichnis nicht ausgegeben werden, ist die Zeile zu löschen oder mit % als Kommentar zu kennzeichnen.

3.2.11 900-autor-anhang.tex

Optional. Die Datei für den Anhang führt alle weiteren relevanten Inhalte auf, die nicht in den nachfolgenden Verzeichnissen gelistet sind. Der Anhang ist das letzte Kapitel im Buch, das noch eine Nummer erhält. Die Struktur und Gliederung des Anhangs erfolgen daher noch mit Kapiteln und Abschnitten.

Die Pflege der Datei – Struktur – erfolgt durch den Verlag. Für den Inhalt ist der Autor verantwortlich.

Inhalt und Aufbau der Datei:

```
1 \normalsize
2 %
3 \chapter{Anhang}
4 Lorem ipsum dolor sit amet, consetetur sadipscing elitr, sed diam
5 %
6 \section{Ein Anhängsel}
7 nonumy eirmod tempor invidunt ut labore et dolore magna aliquyam
```

Listing 3.14: Datei 900-autor-anhang.tex

3.2.12 901-verlag-abbildungsverzeichnis.tex

Optional. Mit dieser Datei wird ein Verzeichnis der Abbildungen in das Buchprojekt eingefügt. Für Romane ist die Erstellung eines Abbildungsverzeichnis in der Regel nicht erforderlich. Bei wissenschaftlichen Untersuchungen ändert sich dies. Zur Erläuterung von fachspezifischen Themen ist die Verwendung von Abbildungen sinnvoll. Das Verzeichnis der Abbildungen ist damit wesentlicher Bestandteil der Arbeit.

Die Standardbezeichnung ist »Abbildungsverzeichnis« und wird im Inhaltsverzeichnis ohne Nummerierung gesetzt.

Die Pflege der Datei erfolgt durch den Verlag. Der Inhalt des Abbildungsverzeichnisses ist durch den Autor im Dokumenttext zu definieren. Details zur Erstellung eines Abbildungsverzeichnisses siehe Abschnitt 4.17.2 auf Seite 107ff.

Inhalt und Aufbau der Datei:

```
1 \stepcounter{chapter}
2 \listoffigures
3 \cleardoublepage
```

Listing 3.15: Datei 901-autor-abbildungsverzeichnis.tex

Erläuterungen

Zeile 1 \stepcounter{chapter}
Erhöht den Zähler für Kapitel um Eins.

Zeile 2 \listoffigures
Gibt das Abbildungsverzeichnis aus.

Zeile 3 \cleardoublepage
Nach dem Seitenende wird ggf. eine Leerseite eingefügt, damit die Folgeseite wieder eine rechte Seite ist.

3.2.13 902-verlag-tabellenverzeichnis.tex

Optional. Mit dieser Datei wird ein Verzeichnis der Tabellen in das Buchprojekt eingefügt. Für Romane ist die Erstellung eines Tabellenverzeichnisses in der Regel nicht erforderlich. Bei wissenschaftlichen Untersuchungen ändert sich dies. Zur Erläuterung von fachspezifischen Themen ist die Verwendung von Tabellen sinnvoll. Das Verzeichnis der Tabellen ist damit wesentlicher Bestandteil der Arbeit.

Die Standardbezeichnung ist »Tabellenverzeichnis« und wird im Inhaltsverzeichnis ohne Nummerierung gesetzt.

Die Pflege der Datei erfolgt durch den Verlag. Der Inhalt des Tabellenverzeichnisses ist durch den Autor im Dokumenttext zu definieren. Details zur Erstellung eines Tabellenverzeichnisses siehe Abschnitt 4.17.3 auf Seite 108ff.

Inhalt und Aufbau der Datei:

```
1 \stepcounter{chapter}
2 \listoftables
3 \cleardoublepage
```

Listing 3.16: Datei 902-autor-tabellenverzeichnis.tex

Erläuterungen

Zeile 1 \stepcounter{chapter}
Erhöht den Zähler für Kapitel um Eins.

Zeile 2 \listoftables
Gibt das Tabellenverzeichnis aus.

Zeile 3 \cleardoublepage
Nach dem Seitenende wird ggf. eine Leerseite eingefügt, damit die Folgeseite wieder eine rechte Seite ist.

3.2.14 903-verlag-listingverzeichnis.tex

Optional. Mit dieser Datei wird ein Verzeichnis der Listings in das Buchprojekt eingefügt. Für Romane ist die Erstellung eines Listings-Verzeichnis in der Regel nicht erforderlich. Bei wissenschaftlichen Untersuchungen ändert sich dies. Zur Erläuterung von fachspezifischen Texten ist die Verwendung von Listings sinnvoll. Das Verzeichnis der Listings ist damit wesentlicher Bestandteil der Arbeit.

Die Standardbezeichnung ist »Listings« und wird im Inhaltsverzeichnis ohne Nummerierung gesetzt.

Die Pflege der Datei erfolgt durch den Verlag. Der Inhalt des Listingsverzeichnisses ist durch den Autor im Dokumenttext zu definieren. Details zur Erstellung eines Listingsverzeichnisses siehe Abschnitt 4.17.4 auf Seite 108ff.

Inhalt und Aufbau der Datei:

```
1 \stepcounter{chapter}
2 \listoflistings
3 \cleardoublepage
```

Listing 3.17: Datei 903-autor-listingverzeichnis.tex

Erläuterungen

Zeile 1 \stepcounter{chapter}
Erhöht den Zähler für Kapitel um Eins.

Zeile 2 \listoflistings
Gibt das Listingsverzeichnis aus.

Zeile 3 \cleardoublepage
Nach dem Seitenende wird ggf. eine Leerseite eingefügt, damit die Folgeseite wieder eine rechte Seite ist.

3.2.15 904-autor-literaturverzeichnis.tex

Optional. Für Romane ist die Erstellung eines Literaturverzeichnisses in der Regel nicht erforderlich. Bei wissenschaftlichen Untersuchungen ändert sich dies. Zur Erhärtung, Veranschaulichung und zum Beleg oder der Widerlegung von Thesen sind Quellen unabdingbar. Das Literatur- oder Quellenverzeichnis (Bibliographie) ist damit wesentlicher Bestandteil der Arbeit.

Die Pflege der Dateistruktur erfolgt durch den Verlag. Für den Inhalt ist der Autor verantwortlich. Weitere Details zum Aufbau des Literaturverzeichnisses siehe Abschnitt 4.17.5 auf Seite 110ff.

3.2.16 905-autor-glossar.tex

Optional. Für Romane ist die Erstellung eines Glossars in der Regel nicht erforderlich. Bei wissenschaftlichen Arbeiten ist zur Erläuterung von fachspezifischen Begriffen ein Glossar unabdingbar. Das Glossar ist damit wesentlicher Bestandteil der Arbeit.

Die Pflege der Dateistruktur erfolgt durch den Verlag. Für den Inhalt ist der Autor verantwortlich. Weitere Details zum Aufbau des Glossars siehe Abschnitt 4.17.6 auf Seite 124ff.

3.2.17 906-autor-abkuerzungsverzeichnis.tex

Optional. Für Romane ist die Erstellung eines Abkürzungsverzeichnisses in der Regel nicht erforderlich. Bei wissenschaftlichen Arbeiten ist bei Nutzung von fachspezifischen Begriffen ein Abkürzungsverzeichnis unabdingbar.

Die Pflege der Dateistruktur erfolgt durch den Verlag. Für den Inhalt ist der Autor verantwortlich. Weitere Details zum Aufbau des Abkürzungsverzeichnisses siehe Abschnitt 4.17.7 auf Seite 130ff.

3.2.18 908-verlag-stichwortverzeichnis.tex

Optional. Für Romane ist die Erstellung eines Stichwortverzeichnisses in der Regel nicht erforderlich. Bei wissenschaftlichen Arbeiten ist zur schnelleren Suche von fachspezifischen Einzelthemen ein Stichwortverzeichnis unabdingbar.

Die Pflege der Datei – Struktur – erfolgt durch den Verlag. Der Inhalt ist durch den Autor im Text mit dem Befehl `\index[Stichwortverzeichnis]{...}` zu definieren. Weitere Details zum Aufbau des Stichwortverzeichnisses siehe Abschnitt 4.17.8 auf Seite 135ff.

Inhalt und Aufbau der Datei:

```
1  \stepcounter{chapter}
2  \printindex[Stichwortverzeichnis]
3  \cleardoublepage
```

Listing 3.18: Datei 908-autor-stichwortverzeichnis.tex

Erläuterungen

Zeile 1 \stepcounter{chapter}
Erhöht den Zähler für Kapitel um Eins.

Zeile 2 \printindex[Stichwortverzeichnis]
Gibt den Index mit dem Namen »Stichwortverzeichnis« aus.

Zeile 3 \cleardoublepage
Nach dem Seitenende wird ggf. eine Leerseite eingefügt, damit die Folgeseite wieder eine rechte Seite ist.

3.2.19 909-verlag-personenverzeichnis.tex

Optional. Auf diesen Seiten kann ein Personenverzeichnis aufgelistet werden. Für Romane ist die Erstellung eines Personenverzeichnisses in der Regel nicht erforderlich. Bei wissenschaftlichen Untersuchungen ändert sich dies. Zur Untermauerung von fachspezifischen Quellenangaben ist ein Personenverzeichnis sinnvoll. Das Personenverzeichnis ist damit wesentlicher Bestandteil der Arbeit.

Die Pflege der Datei – Struktur – erfolgt durch den Verlag. Der Inhalt ist durch den Autor im Text mit dem Befehl `\index[Personenverzeichnis]{...}` zu definieren. Weitere Details zum Aufbau des Personenverzeichnisses siehe Abschnitt 4.17.9 auf Seite 136ff.

Inhalt und Aufbau der Datei:

```
1 \stepcounter{chapter}
2 \printindex[Personenverzeichnis]
3 \cleardoublepage
```

Listing 3.19: Datei 909-verlag-personenverzeichnis.tex

Erläuterungen

Zeile 1 \stepcounter{chapter}
Erhöht den Zähler für Kapitel um Eins.

Zeile 2 \printindex[Personenverzeichnis]
Gibt den Index mit dem Namen »Personenverzeichnis« aus.

Zeile 3 \cleardoublepage
Nach dem Seitenende wird ggf. eine Leerseite eingefügt.

3.2.20 990-verlag-autoren.tex

Optional. Auf dieser Seite können biographische Daten des Autors oder der Autoren gelistet werden.

Die Pflege der Datei – Struktur und Inhalt – erfolgt durch den Verlag.

Inhalt und Aufbau der Datei:

```
1 \stepcounter{chapter}
2 \par
3 \vspace*{2cm}
4 \Large Thomas Zimmermann\par
5 \large Diplominformatiker\par
6 \normalsize
7 ...
8 \cleardoublepage
```

Listing 3.20: Datei 990-verlag-autoren.tex

Erläuterungen

Zeile 1 \stepcounter{chapter}
Erhöht den Zähler für Kapitel um 1.

Zeile 8 \cleardoublepage
Nach dem Seitenende wird ggf. eine Leerseite eingefügt.

3.2.21 999-verlag-verlagsverzeichnis.tex

Das Verlagsverzeichnis bildet den Abschluss des Buchblockes und führt die aktuellen Titel des Verlages auf. Inhalt und Gestaltung liegen in Verantwortung des Verlages.

4 LaTeX in der Praxis

Nach so viel Theorie, nun noch etwas Praxis. Denn neben dem Blick in die Fachbücher sind Beispiele immer hilfreich. Die Beispiele betreffen alle Themen, für die der Autor noch Gestaltungsfreiheit hat, bzw. die für die Struktur des Buches noch wichtig sind. Hierzu gehören

- Gliederung, Zeilen- und Seitenumbrüche, Absatzformate und Abstände,

- Umgang mit Schrift,

- Setzen Tabellen und Grafiken,

- Listen,

- Fußnoten,

- Zitieren von Text,

- Umgang mit reservierten Zeichen, Sonderzeichen und Symbolen,

- Erstellen von Verzeichnissen,

- Verweise innerhalb des Dokumentes.

4.1 Gliederung

LaTeX kennt nachfolgende Gliederungsebenen für Dokumente, die jeweils mit vorangestelltem Backslash als Befehl für den Eintrag ins Inhaltsverzeichnis sorgen. Als Parameter wird der Eintrag für das Inhaltsverzeichnis übergeben.

part	Teil
chapter	Kapitel
section	Abschnitt
subsection	Unterabschnitt
subsubsection	Unterunterabschnitt
paragraph	Absatz
subparagraph	Unterabsatz

Bspw. erstellt `\chapter{\LaTeX\ -- auch nur ein Werkzeug?}` den entsprechenden Eintrag im Inhaltsverzeichnis. Soll kein Eintrag im Inhaltsverzeichnis erfolgen, ist das Sternchen * hinzuzufügen. Bspw. `subparagraph*{Eintrag}`. Soll ein Eintrag im Inhaltsverzeichnis erfolgen, jedoch ohne Nummerierung, sind die Befehle `\addchap{Eintrag}` und `\addsec{Eintrag}` zu nutzen.

4.2 Zeilen-, Absatz- und Seitenumbrüche

Zeilen- und Seitenumbrüche werden durch LaTeX automatisch eingefügt. Für manuelle Eingriffe stehen nachfolgende Befehle zur Verfügung.

Befehl	Erklärung
\newline	Beendet die laufende Zeile, ohne sie durch Einfügung von Leerraum auf die gesamte Seitenbreite aufzufüllen. Der Befehl ist mit dem Kürzel »\\« identisch.

Befehl	Erklärung
\linebreak	Empfiehlt, die laufende Zeile an der angegebenen Stelle umzubrechen. Die Priorität steigt mit dem angegebenen Zahlenwert an, wobei der höchste Wert 4 den Umbruch unbedingt erzwingt. Wenn man auf den optionalen Parameter verzichtet, wird ebenfalls eine Priorität von 4 angenommen.
\par	Erzwingt an der angegebenen Stelle einen neuen Absatz.

Tabelle 4.2: Zeilen- und Absatzumbrüche

Befehl	Erklärung
\clearpage	Beendet eine Seite und erzwingt auf den nachfolgenden Seiten die Ausgabe aller Gleitobjekte (z.B. Abbildungen), die bislang definiert, aber noch nicht ausgegeben wurden.
\cleardoublepage	Beendet eine Seite und erzwingt auf den nachfolgenden Seiten die Ausgabe aller Gleitobjekte (z.B. Abbildungen), die bislang definiert, aber noch nicht ausgegeben wurden. Dieser Befehl fügt, falls nötig, eine leere Seite ein, so dass die nächste Seite nach den Gleitobjekten eine ungerade Seitennummer hat.
\newpage	Beendet die laufende Seite, ohne sie durch Einfügung von Leerraum auf die gesamte Seitenlänge aufzufüllen.
\pagebreak	Empfiehlt, die laufende Seite an der angegebenen Stelle umzubrechen. Die Priorität steigt mit dem angegebenen Zahlenwert an, wobei der höchste Wert 4 den Umbruch unbedingt erzwingt. Wenn man auf den optionalen Parameter verzichtet, wird ebenfalls eine Priorität von 4 angenommen.

Tabelle 4.3: Seitenumbrüche

4.3 Absatzauszeichnung

Die klassische Auszeichnung von Absätzen ist ein Absatzeinzug in der ersten Zeile jedoch kein Abstand zwischen den Absätzen.
Gesteuert wird dies mit den Befehlen \parindent{Wert} und \parskip.

Befehl	Erklärung
\parindent {WERT}	Wert für den horizonatlen Einzug der ersten Zeile eines Absatzes. Der Wert von \parindent wird mit dem Befehl \setlength{\parskip}{WERT} definiert. WERT kann in jeder gültigen LaTeX-Einheit angegeben werden. Eine Übersicht der Einheiten finden Sie in 6.5 »Maßangaben und Einheiten« auf Seite 197.
\parskip	Wert für den vertikalen Abstand zwischen zwei Absätzen. Der Wert von \parskip wird mit dem Befehl \setlength{\parskip}{WERT} definiert. WERT wird dabei üblicherweise dynamisch definiert in der Form WERT plus WERT2 minus WERT3. Dies ermöglicht LaTeX den Wert individuell anpassen, um die Seite typographisch harmonisch zu setzen. Die Werte können wie immer in jeder gültigen LaTeX-Einheit angegeben.

Tabelle 4.4: Absatzauszeichnung

Bei Nutzung von KOMA-Script sollte auch hier der automatischen Berechnung der Abstände der Vorzug gegeben werden. Hierzu bietet KOMA-Script nachfolgende Möglichkeiten für *parskip*:

Wert	Bedeutung
false	Absätze werden durch einen Einzug der ersten Zeile mit einer Länge 1 em gekennzeichnet.
half	Absätze werden durch einen vertikalen Abstand von einer halben Zeile gekennzeichnet. Die Gestaltung der letzten Zeile eines Absatzes – das Absatzende – kann mit dem zusätzlichen Symbol -, + oder * gesteuert werden.
full	Absätze werden durch einen vertikalen Abstand von einer Zeile gekennzeichnet. Die Gestaltung der letzten Zeile eines Absatzes – das Absatzende – kann mit dem zusätzlichen Symbol -, + oder * gesteuert werden.
-	Absatzenden werden nicht gekennzeichnet.
+	Absatzenden werden durch einen Leerraum von mindestens einem Drittel einer Zeile gekennzeichnet.
*	Absatzenden werden durch einen Leerraum von mindestens einem Viertel einer Zeile gekennzeichnet.

Tabelle 4.5: Absatzauszeichnung mit KOMA-Script

4.4 Horizontale Abstände

Neben dem Standardleerzeichen, dessen Laufweite flexibel von LaTeX berechnet wird, gibt es eine Reihe von Befehlen zum Setzen von festen Abständen.

Befehl	Größe	Erklärung	Beispiel
~		geschütztes Leerzeichen	Wort Wort
\,	3/18 em	kleiner Abstand	Wort Wort
\quad	1 em	1 em	Wort Wort
\qquad	2 em	2 em	Wort Wort
\hspace{Wert}		beliebiger Abstand	
\hspace*{Wert}		beliebiger Abstand zum Zeilenanfang	

Tabelle 4.6: Horizontale Abstände

1 em ist eine relative Maßeinheit, die der Laufweite des Buchstabens M in der aktuellen Schriftart entspricht. Mit dieser Maßeinheit ist sichergestellt, dass die gewählten Abstände harmonisch zum Schriftbild passen.

4.5 Vertikale Abstände

Befehl	Größe	Erklärung
\smallskip	3 pt	kleiner Abstand
\medskip	6 pt	mittlerer Abstand
\bigskip	12 pt	großer Abstand
\vspace{Wert}		beliebiger Abstand
\vspace*{Wert}		beliebiger Abstand zum Seitenanfang

Tabelle 4.7: Vertikale Abstände

4.6 Absatzformate

Der Standard von LaTeX ist Blocksatz über die komplette Textbreite. Soll davon abgewichen werden, ist eine entsprechende Umgebung zu definieren.

Umgebung	Bedeutung
quote	Der Text wird im Blocksatz – jedoch mit einem größeren Randbereich gesetzt. Diese Umgebung wird in der Regel für längere Zitate genutzt.
center	Der Text wird zentriert gesetzt. Für eine deutlich sichtbare Zentrierung sind die Zeilen in der Regel manuell umzubrechen.
flushleft	Der Text wird linksbündig – Flattersatz rechts – gesetzt.
flushright	Der Text wird rechtsbündig – Flattersatz links – gesetzt.

Tabelle 4.8: Absatzformate

Soll innerhalb eines Absatzes eine Zeile zentriert gesetzt werden, ist der Befehl `\centerline{...}` zu nutzen.

4.7 Umgang mit Schrift

Standardmäßig verwendet LaTeX die Schrift *Computer Modern* - eine Serifenschrift. Diese Wahl trägt dem Umstand Rechnung, dass Fließtexte am besten mit einer Serifenschrift zu lesen sind. Um mit dem Paket *microtype* an die typographischen Grenzen von LaTeX zu gehen, empfiehlt sich jedoch der Wechsel zu *lmodern* mit `\usepackage{lmodern}`. Für Garamond existiert entweder die Standardschriftfamilie *ugm* bzw. die Pakete *Cormorantgaramond* oder *ebgaramond*.

Serifenlose Schriften – oder auch Groteske Schriften – eignen sich am ehesten für kurze Texte oder Anleitungen, die nur abschnittsweise gelesen werden.

4.7.1 Schriftfamilien

LaTeX kennt drei Standardschriftfamilien: Schreibmaschinentyp, Serifenlos und mit Serifen. Innerhalb eines Dokumentes kann beliebig zwischen diesen Schriftfamilien umgeschaltet werden.

Befehl	Standardschriftfamilien
\rmfamily	Standardserifenschrift
\sffamily	Standardserifenloseschrift
\ttfamily	Standardschreibmaschinenschrift

Tabelle 4.9: Standardschriftfamilien

Soll nur ein einzelnes Wort in einer anderen Schriftfamilie gesetzt werden, erfolgt dies mit den Befehlen `\textrm{}`, `\textsf{}` oder `\texttt{}`.

Welche Schriften sich tatsächlich hinter diesen Standardfamilien verbergen, hängt von der Dokumentklasse und den gewählten Zusatzpaketen oder anderen Befehlen ab. Grundsätzlich sollten Schriften, die dokumentweit gelten sollen, über die entsprechenden Pakete geladen werden. Somit werden automatisch alle notwendigen Einstellungen vorgenommen um sicherzustellen, dass alle Schriftbefehle korrekt arbeiten.

Die voreingestellten Schriften sind *Computer Modern Roman, Computer Modern Sans* und *Computer Modern Typewrite*. Diese Standardschriften lassen sich per Befehl verändern. Achten Sie dabei darauf, dass die drei benutzten Familien immer harmonisch zusammenpassen!

Mit dem Befehl `\fontfamily\{FONT\}\selectfont` wird eine andere Schriftfamilie ausgewählt. Mögliche Werte für *FONT* sind unter anderem

FONT	Schriftfamilie
ptm	Times Roman
pbk	Bookman
ppl	Palatino
bch	Charter
pnc	New Century Schoolbook
put	Utopia
cmr	Computer Modern Roman
cmss	Computer Modern Sans
cmbr	Computer Modern Bright
cmtt	Computer Modern Typewriter
ptm	Adobe Times Roman
ppt	Adobe Palatino
pcr	Adobe Courier
phv	Adobe Helvetica
pbk	ITC Bookman
fve	Bitstream Vera Serif
fvs	Bitstream Vera Sans
uop	URW Classico Optima
pag	ITC Avant Garde Gothic
lmr	Latin Modern Roman
lmss	Latin Modern Sans Serif

FONT	Schriftfamilie
lmtt	`Latin Modern Typewriter`
pza	Zapf Dingbats
bch	Charter
ccr	Computer concrete
ugm	Garamond
pzc	*Zapf Chancery*
uncl	Uncial

Tabelle 4.10: Weitere Standardschriftfamilien

Eine Übersicht aller verfügbaren freien Schriften enthält der LaTeX-Font Katalog unter `http://www.tug.dk/FontCatalogue/seriffonts.html`.

4.7.2 Schriftstärke und Laufweite

LaTeX kennt die folgenden Schriftstärken und Laufweiten, die in der jeweiligen Kombination über den Befehl `\fontseries{...}\selectfont` gesetzt werden. Allerdings unterstützt nicht jede Schrift alle Attribute. Als Ersatz wird dann die jeweilige normale Schrift benutzt.

Stärke	Beschreibung	Breite	%	Beschreibung
ul	ultraleicht	uc	50.0	ultragestaucht
el	extraleicht	ec	62.5	extragestaucht
l	leicht/dünn	c	75.0	gestaucht
sl	halbleicht	sc	87.5	halbgestaucht
m	normal	m	100.0	normal
sb	halbfett	sx	112.5	halbgedehnt
b	fett	x	125.0	gedehnt
eb	extrafett	ex	150.0	extragedehnt
ub	ultrafett	ux	200.0	ultragedehnt

Tabelle 4.11: Schriftstärke und Laufweite

4.7.3 Schriftform

LaTeX kennt sieben Schriftformen, die über den Befehl `\fontshape{Ausrichtung}` `\selectfont` gesetzt werden. Allerdings unterstützt nicht jede Schrift alle Attribute. Als Ersatz wird dann die jeweilige normale Schrift benutzt.

Befehl	Schriftform	Beispiel
\fontshape{upright}	Aufrecht	Aufrecht
\fontshape{slanted/oblique}	Schräg	*Schräg*
\fontshape{small caps italic}	Kapitälchen kursiv	Kapitälchen kursiv
\fontshape{outline}	Outline	Outline
\fontshape{italic}	Kursiv	*Kursiv*
\fontshape{small caps}	Kapitälchen	KAPITÄLCHEN
\fontshape{upright italic}	Schräg	Kursiv Aufrecht

Tabelle 4.12: Schriftformen I

Für die nachfolgenden vier Schriftformen existieren eigene Befehle:

Befehl	Schriftform	Beispiel
\textit{}	Kursiv	*kursiv*
\textsc{}	Kapitälchen	KAPITÄLCHEN
\textup{}	Aufrecht	Aufrecht
\textsl{}	Schräg	*schräg*

Tabelle 4.13: Schriftformen II

4.7.4 Schriftgrad - Punktgröße

Bei LaTeX gibt es grundsätzlich nur relative Schriftgrößen, die in Abhängigkeit von der Grundschriftgröße – 10 pt, 11 pt und 12 pt in der Präambel – berechnet werden.

Befehl	Größe	10 pt	11 pt	12 pt
\tiny	winzig	5	6	6
\scriptsize	sehr klein	7	8	8
\footnotesize	kleiner	8	9	10
\small	klein	9	10	11
\normalsize	normal	10	11	12
\large	groß	12	12	14.4
\Large	größer	14.4	14.4	17.28
\LARGE	noch größer	17.28	17.28	20.74
\huge	riesig	20.74	20.74	24.88
\HUGE	gigantisch	24.88	24.88	24.88

Tabelle 4.14: Schriftgrößen

Wem diese Größen nicht ausreichen, kann mit dem Befehl \fontsize{Größe}{Zeilenabstand} eine beliebige Größe definieren. Der Zeilenabstand sollte als Faustregel das 1,2 – 1,3-Fache der Schriftgröße betragen.

Alternativ verfügt das Paket *memoir* über zwei zusätzliche Größenbefehle. Dabei ist \miniscule noch kleiner als \tiny und \HUGE ist größer als \Huge, es stehen dann 12 verschiedene Schriftgrößen zur Verfügung.

4.7.5 Schriftauszeichnungen

Sollen bestimmte Wörter oder Passagen herausgestellt werden, gibt es hierfür verschiedene Möglichkeiten.

Verwendung einer kursiven Schriftform
Diese integriert sich in den vorhandenen Text und fällt erst auf, wenn man an die entsprechende Stelle kommt.

Schrägstellung der aufrechten Schriftform
Sofern die verwendete Schrift keine Kursive kennt, ist dies die Wahl.

Fett

> Eine fette Auszeichnung zieht direkt den Blick auf sich. Insofern ist diese Hervorhebung geeignet für Überschriften, Nachschlagewerke, Aufzählungen, usw.

Kapitälchen

> Sofern die verwendete Schrift keine Kapitälchen kennt, können alternativ Versalien verwendet werden. Diese sollten jedoch um einen Punkt kleiner und gesperrt gesetzt werden.

Unterstreichungen

> Sie sind Überbleibsel aus dem Zeitalter der Schreibmaschinen, wo es in der Regel nur eine Schrift gab. Heute sollte diese Auszeichnung vermieden werden.

Weitere Möglichkeiten sind Wechsel der Schriftfamilie, Hoch- oder Tiefstellung oder Verwendung des Befehls \lstinline. *lstinline* ist Teil des Paketes *listings* und eigentlich gedacht, Quellcodebeispiele zu setzen.

Um es dem Benutzer von LATEX möglichst einfach zu machen, gibt es den Befehl \emph{Text}. Damit wird der eingeschlossene Text passend zur gewählten Typographie *hervorgehoben*. Dieser Befehl sorgt zugleich dafür, dass der Abstand zum nächsten Wort richtig gesetzt wird.

Befehl	Bedeutung	Beispiel
\emph{Text}	hervorgehoben	Wort *Wort*
\textbf{Text}	fett	Wort **Wort**
\underline{Text}	unterstrichen	Wort <u>Wort</u>
\lstinline!Text!	Programmcode	Wort `Wort`
^{Text}	hochgestellt	Wort^{Wort}
\textsubscript{Text}	tiefgestellt	Wort$_{\text{Wort}}$

Tabelle 4.15: Auszeichnen von Text

4.7.6 Ligaturen

Ligaturen sind ein Überbleibsel aus dem klassischen Bleisatz. Kombinationen von schmalen, langen Lettern wurden aus Stabilitätsgründen als einzelne Zeichen gedruckt. Die »klassischen« Ligaturen sind damit die Buchstabenkombinationen fl, ff, fi, ffi und ffl anstelle von fl, ff, fi, ffi und ffl.

LaTeX erkennt Ligaturen automatisch und setzt diese. Die Unterstützung von Ligaturen hängt dabei von der verwendeten Schrift ab. Nicht jede Schrift beinhaltet auch die Definitionen für Ligaturen.

Sollen Ligaturen aufgebrochen, d.h. auf Ligaturen verzichtet werden, sind die betreffenden Buchstaben mit dem Befehl "| zu trennen, der zugleich als Trennhilfe dient.

4.8 Aufzählungen und Listen

Listen bzw. Aufzählungen sind einfache tabellarische Ausgaben von Begriffen und Definitionen. Diese können mit oder ohne Nummerierung bzw. als Stichwortlisten gestaltet werden. Eine Liste wird als Umgebung mit \begin { Listentyp} ... \end{Listentyp} eingeschlossen. Der *Listentyp* gibt die Art der Liste an:

enumerate	nummerierte Aufzählung/Liste
itemize	unnummerierte Aufzählung/Liste
description	Stichwortliste
labeling	Stichwortliste, tabellenartig

Natürlich können Listen auch ineinander verschachtelt erstellt werden. Je nach Ebene ändert sich das Markierungssymbol sowie die Einrückung. Für die Aufzählungen können die Markierungssymbole in der Präambel abweichend vom Standard definiert werden.

Die einzelnen Listenpunkte werden jeweils mit \item eingeleitet. Bei Aufzählungen kann mit \item[Markierung] eine vom Standard abweichende Markierung gesetzt werden. *Markierung* kann ein beliebiges unter L#T_EX darstellbares Zeichen sein. Beispiele hierfür sind die Sonderzeichen aus Tabelle 6.22 auf Seite 179 bzw. die Zeichen der Zeichensätze Zapf Dingbats oder Symbol auf den Seiten 180 und 181. Mit dem Paket *amssymb* stehen darüber hinaus eine Reihe mathematischer Symbole zur Verfügung.

Für das Layout einer Liste wird auf nachfolgende Längen zurückgegriffen, die von L#T_EX anhand des Satzspiegels berechnet werden.

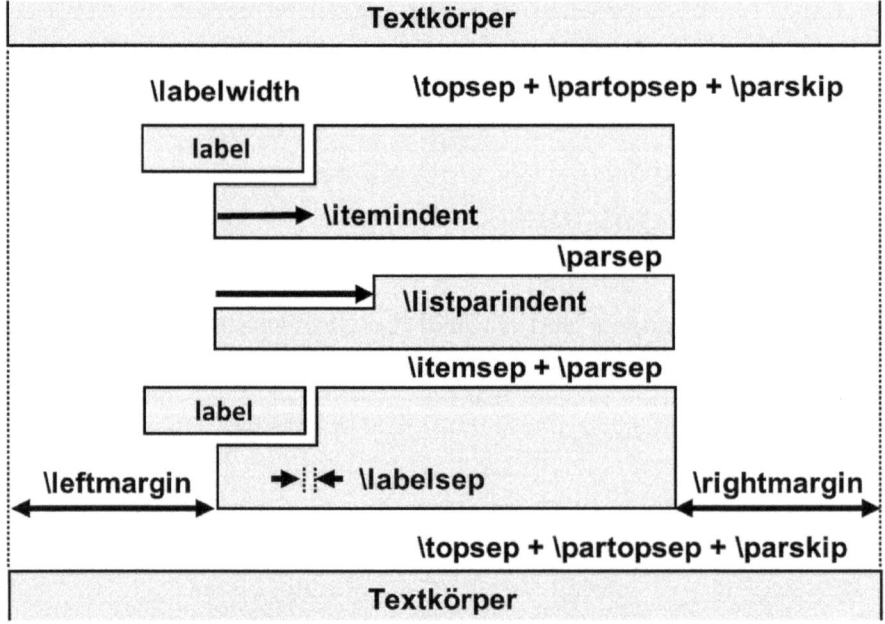

Abbildung 4.1: Längen bei Listen

Auch diese Längen können manuell in der Präambel mit dem Befehl \setlength {Länge}{Wert} überschrieben werden.

Listen/Aufzählungen mit Nummerierung

```
1  \begin{enumerate}
2     \item Eintrag Nr. 1
3  \end{enumerate}
```

Listing 4.1: Beispiel: Liste mit Nummerierung

Werden mehrere nummerierte Listen ineinander verschachtelt, ändert sich das Zahlenformat nach folgendem Schema:

Ebene	Bedeutung	Beispiel
Ebene 1	arabische Ziffern	1.
Ebene 2	Kleinbuchstaben in Klammern	(a)
Ebene 3	römische Ziffern	i.
Ebene 4	Großbuchstaben	A.

Tabelle 4.16: Ebenenabhängige Nummerierungsformate

Die Markierung wird über die Befehle \labelenumi, \labelenumii, \labelenumiii und \labelenumiv in Verbindung mit den Zählern *enumi*, *enumii*, *enumiii* und *enumiv* formatiert.

Die Neudefinition der Formatierungen erfolgt in der Präambel mit dem Befehl
\renewcommand Befehl {Format {Zähler} Format}.
Befehl ist \labelenumi, \labelenumii,\labelenumiii oder \labelenumiv
Zähler ist *enumi, enumii, enumiii* oder *enumiv* und kann ergänzt um Klammern, Punkte, Striche etc. folgende Formate annehmen:

Format	Bedeutung
\alph{Zähler}	Kleinbuchstaben
\Alph{Zähler}	Großbuchstaben
\arabic{Zähler}	Arabische Zahlen
\roman{Zähler}	Römische Zahlen in Kleinbuchstaben
\Roman{Zähler}	Römische Zahlen in Großbuchstaben

Tabelle 4.17: Formate für Zähler

79

Mit den folgenden Befehlen wird eine Zählweise vergleichbar der des Inhaltsverzeichnisses definiert:

`\renewcommand\labelenumi{\arabic{enumi}}`

`\renewcommand\labelenumii{\arabic{enumi}.\arabic{enumii}}`

Der Zugriff auf die Zähler der höheren Ebenen erfolgt mit \theenumi, \theenumii
und \theenumiii.

```
1  \renewcommand\labelenumi{\Roman{enumi}}
2  \renewcommand\labelenumii{\Roman{enumi}-\Alph{enumii}}
3  \renewcommand\labelenumiii{\theenumii:\alph{enumiii}}
```

```
1   \begin{enumerate}                          I    Punkt eins
2     \item Punkt eins                         I-A  Punkt A
3       \begin{enumerate}                       I-B  Punkt B
4         \item Punkt A
5         \item Punkt B                               b:a  Punkt a
6           \begin{enumerate}                        b:b  Punkt b
7             \item Punkt a
8             \item Punkt b                     II   Punkt zwei
9           \end{enumerate}                     III  Punkt drei
10        \end{enumerate}
11      \item Punkt zwei
12  \end{enumerate}
```

Abbildung 4.2: Beispiel: Neudefinition nummerierte Aufzählung

Listen/Aufzählungen ohne Nummerierung

```
1  \begin{itemize}
2      \item Ein Eintrag
3  \end{itemize}
```

Listing 4.2: Beispiel: Liste ohne Nummerierung

Werden mehrere unnummerierte Listen ineinander verschachtelt, ändert sich
das Aufzählungszeichen nach folgendem Schema:

Ebene	Bedeutung	Beispiel
Ebene 1	\textbullet	•

Ebene	Bedeutung	Beispiel
Ebene 2	\textendash	–
Ebene 3	\textasteriskcentered	*
Ebene 4	\textperiodcentered	·

Tabelle 4.18: Ebenenabhängige Aufzählungszeichen

Auch hier können die Standarddefinitionen der Markierungen in der Präambel mit dem Befehl \renewcommand neu definiert werden. Hierzu existieren für die einzelnen Ebenen die Befehle \labeitemi, \labelitemii, \labelitemiii und \labelitemiv.

```
1 \renewcommand\labelitemii{\Pisymbol{pzd}{75}}
2 \renewcommand\labelitemiii{\Pisymbol{pzd}{76}}
3 \renewcommand\labelitemiiii{\Pisymbol{pzd}{77}}
4 \renewcommand\labelitemiv{\Pisymbol{pzd}{78}}
```

```
1 \begin{itemize}
2   \item Punkt eins
3   \begin{itemize}
4     \item Punkt A
5     \begin{itemize}
6       \item Punkt a
7     \end{itemize}
8   \end{itemize}
9   \item Punkt zwei
10 \end{itemize}
```

☆ Punkt eins

✦ Punkt A

✶ Punkt a

☆ Punkt zwei

Abbildung 4.3: Beispiel: Neudefinition Aufzählung

Alternativ kann direkt mit \item[Markierung] eine vom Standard abweichende Markierung gesetzt werden. *Markierung* kann ein beliebiges unter LaTeX darstellbares Zeichen sein. Beispiele hierfür sind die Sonderzeichen aus Tabelle 6.22 auf Seite 179 bzw. die Zeichen der Zeichensätze Zapf Dingbats oder Symbol auf den Seiten 180 und 181. Mit dem Paket *amssymb* stehen darüber hinaus eine Reihe mathematischer Symbole zur Verfügung.

Listen mit Stichwörtern – Stichwortliste

Bereits mit der *itemize*-Umgebung lassen sich Stichwortlisten ausgeben, sofern die Stichwörter als Argument für `\item[]` übergeben werden. Eine Weiterführung ist die *description*-Umgebung.

Mit der *description*-Umgebung werden ebenfalls Stichwörter ausgegeben; d. h. der Befehl `\item[Stichwort] Erläuterung` enthält das *Stichwort*. Allerdings wird der erläuternde Text als Fließtext gesetzt und in den folgenden Zeilen eingerückt. Zudem kann die Markierung formatiert werden.

Hurenkind Ein Hurenkind ist eine einzelne, letzte Zeile eines Absatzes, die am Anfang einer neuen Seite oder Spalte steht.

Schusterjunge Ein Schusterjunge ist eine einzelne, erste Zeile eines Absatzes, die als letzte Zeile am Ende einer Seite oder Spalte steht.

Abbildung 4.4: Beispiel für eine *description*-Umgebung

Auch diese Umgebung kann mit sich bzw. den anderen Listen-Umgebungen verschachtelt werden. Hierbei ist zu beachten, dass die *Erläuterung* mindestens ein Leerzeichen – sinnvoll ist der Befehl `\nobreakspace` für ein geschütztes Leerzeichen – besitzt, damit die nächste Ebene in einer neuen Zeile beginnt.

Die Formatierung des Stichwortes erfolgt über *descriptionlabel*. Der Standard ist ssfamily – also serifenlos – und fett. Die Anpassung erfolgt wie gehabt in der Präambel mit dem Befehl `\setkomafont{descriptionlabel}{...}`.

Beispielsweise wird mit `\setkomafont{descriptionlabel}{\normalfont\bfseries}` die Formatierung des *descriptionlabel* auf fette Standardschrift eingestellt.

Listen mit Stichwörtern – Stichwortliste, tabellenartig

Eine Erweiterung der *description*-Umgebung ist die *labeling*-Umgebung von KOMA-Script. Mit dieser Umgebung kann die Breite der Stichwortspalte sowie das Trennzeichen definiert werden.

Hurenkind ☞ Ein Hurenkind ist eine einzelne, letzte Zeile eines Absatzes, die am Anfang einer neuen Seite oder Spalte steht.

Schusterjunge ☞ Ein Schusterjunge ist eine einzelne, erste Zeile eines Absatzes, die als letzte Zeile am Ende einer Seite oder Spalte steht.

Abbildung 4.5: Beispiel für eine *labeling*-Umgebung

Die Beschreibung des Stichwortes wird im Blocksatz gesetzt.

Die Umgebung wird wie folgt definiert:

```
1  \begin{labeling}{Trennzeichen}{Musterlänge}
2     \item[Stichwort] Beschreibung
3  \end{labeling}
```

Listing 4.3: Beispiel: Stichwortliste, tabellenartig

Erläuterung

Zeile 1 \begin{labeling}{Trennzeichen}{Musterlänge}
Anfang und Definition der *labeling*-Umgebung.
Trennzeichen ist ein beliebiges unter LaTeX darstellbares Zeichen oder Symbol. Beispiele hierfür sind die Sonderzeichen aus Tabelle 6.22 auf Seite 179 bzw. die Zeichen der Zeichensätze Zapf Dingbats oder Symbol auf den Seiten 180 und 181.
Musterlänge ist das längste vorkommende Stichwort. Sinnvoll ist es, dieses um ein geschütztes Leerzeichen mit dem Befehl `\nobreakspace` zu ergänzen.

Zeile 2 \item[Stichwort] Beschreibung
Eintrag der Stichwortliste.

Zeile 3 \end{labeling}
Ende der *labeling*-Umgebung

Auch hier kann die Formatierung des Stichwortes in der Präambel mit dem Befehl `\setkomafont{labelinglabel}{...}` angepasst werden.

Beispielsweise wird mit `\setkomafont{labelinglabel}{\normalfont\bfseries}` die Formatierung des *labelinglabel* auf fette Standardschrift gesetzt.

4.9 Zitate und zitieren

LATEX kennt drei Möglichkeiten, Zitate darzustellen.

1. **Ein schlauer Spruch – dictum – am Anfang eines Abschnittes**
   Dieser wird mit dem Befehl `\dictum \[Urheber\]\{Spruch\}` gesetzt. Der *Spruch* wird direkt unterhalb einer Abschnittsüberschrift eingefügt. Der *Urheber* wird mit einer Trennlinie abgesetzt rechtsbündig darunter gesetzt. Der Befehl `\renewcommand*{\dictumwidth}\{Breite\}` definiert die *Breite* des Eintrages. Blocksatz für den Spruch wird mit dem Befehl `\renewcommand*\raggeddictumtext{}` festgelegt.

2. **Ein kurzes Zitat innerhalb eines Textes**
   Dieses wird mit dem Befehl `\enquote{Text}` gesetzt. Hierzu ist in der Präambel das Paket *csquotes* einzubinden. Die Art der Anführungszeichen ist beim Aufruf des Paketes zu definieren. Die Verwendung der deutschen Anführungszeichen für die Markierung von Zitaten wird mit dem Befehl `\usepackage[autostyle=true,german=quotes]{csquotes}` festgelegt. Die Verwendung der französischen Anführungszeichen – Guillemets – wird mit dem Befehl `\usepackage[autostyle=true,german=guillemets]{csquotes}` festgelegt.

3. **Ein längeres Zitat abgesetzt vom Text**

   Dieses wird mit der *quote*-Umgebung \begin{quote} ... \end{quote} gesetzt. Der Text wird dabei beidseitig eingerückt und der Beginn des Absatzes mit dem Zitat durch eine Leerzeile gekennzeichnet.

Bei Verwendung eines Literaturverzeichnis auf der Basis von bibtex existiert ein weiterer Befehl: \cite[Hinweis]{keylist} für das Referenzieren von Quellen aus der Bibliographie zitiert. *keylist* ist eine Quellangabe aus der Bibliographiedatei; *Hinweise* sind ergänzende Angaben zur Quelle. Der Parameter *keylist* kann ebenfalls mehrere Quellen enthalten. In diesem Fall sind die Quellenangaben durch Komma zu trennen.

4.10 Anführungszeichen

Sofern für Zitate auf den *enquote*-Befehl verzichtet wird, sind für typographisch korrekt gesetzte Anführungszeichen nachfolgende LaTeX-Befehle zu nutzen.

Befehl	Aussehen	Bedeutung
\glqq	„	Deutsch, öffnen
\grqq	"	Deutsch, schließen
\glq	‚	
\grq	'	
\flqq	«	Französisch, öffnen
\frqq	»	Französisch, schließen
\flq	‹	
\frq	›	

Tabelle 4.19: Anführungszeichen

4.11 Abbildungen

Für das Setzen von Abbildungen ist in der Präambel das Paket *graphicx* einzubinden. Die Abbildungen werden dabei stets im aktuellen Verzeichnis gesucht. Um weitere Verzeichnisse für die Suche nach Bildern zu nutzen, sind diese mit dem Befehl `\graphicspath{ {Verzeichnis 1} ... {Verzeichnis n} }` hinzuzufügen.

Das Setzen der Abbildungen erfolgt mit dem Befehl `\includegraphics[Optionen]` `{Dateiname}`. Mit den Optionen kann die Größe der Abbildung gesteuert werden: Entweder über die Angabe der Breite *width* oder Höhe *height* oder direkt mit dem Faktor *scale*.

Soll das Bild zentriert werden, ist die Umgebung *center* zu nutzen.

```
1 \begin{center}
2   \includegraphics[width=8cm]{Bilder/Buchdrucker-1568.png}
3   \captionof{figure}{Buchdruck im 16. Jahrhundert}
4   \label{fig:Buchdruck}
5 \end{center}
```

Listing 4.4: Beispiel: Bild

Erläuterungen

Zeile 1 \begin{center}
Beginn einer zentrierten Umgebung.

Zeile 2 \includegraphics[width=8cm]{...}
Fügt eine Abbildung ein. Mit der Option *width* wird das Bild auf die angegebene Breite skaliert. Beispielsweise skaliert die Option `width=\textwidth` auf die Breite des Textbereiches oder die Option `height=0.8\textheight` auf 80% der Höhe des Textbereiches. Die Option `scale=0.7` skaliert auf 70% der Originalgröße.

Zeile 3 \captionof{figure}{...}
Mit dem Befehl `\captionof{figure}{Bezeichnung}` wird eine Beschriftung definiert. Der Parameter *figure* legt fest, dass die Beschriftung zu einer Abbildung gehört und in das Abbildungsverzeichnis aufgenommen wird.

Zeile 4\label{fig:Buchdruck}
Mit dem Befehl `\label{fig:Beschreibung}` wird eine Markierung vom Typ *figure* mit der aktuellen Seitenzahl und der Beschreibung gesetzt. Diese Markierung kann mit dem Befehl `\ref{fig:Beschreibung}` oder `\pageref{fig:Beschreibung}` referenziert werden. `\ref{...}` gibt die Nummer der Abbildung bzw. `\pageref {...}` die Seite der Abbildung aus.

Zeile 5\end{center}
Ende einer zentrierten Umgebung.

Nachteil dieser Methode ist, dass die Textsatzfähigkeiten von LATEX nicht genutzt werden. Für ein optimal gesetztes Buch sind Texte, Bilder und Tabellen so zusammenzufügen, dass sie möglichst auf einer Seite erscheinen und ein Umblättern nicht erforderlich ist. Diese Kontrolle erhält LATEX mit der Gleitumgebung `\begin{figure}[Platzierung]` ... `\end{figure}`. Für *Platzierung* können die Parameter t (top), b (bottom), p (page) und h (here) als Empfehlung genutzt werden.
Soll die Gleitumgebung definitiv (h)ier gesetzt werden, ist in der Präambel das Paket *float* zu laden. Dieses stellt den zusätzlichen Parameter H (definitiv hier) zur Verfügung.

Innerhalb der Gleitumgebung wird das Bild mit dem Befehl `\centering` zentriert. Eine Bezeichnung wird mit dem Befehl `\caption{Bezeichnung}` hinzugefügt.
Mit dem Befehl `\label{fig:Beschreibung}` wird eine Markierung vom Typ *figure* mit der aktuellen Seitenzahl und der Beschreibung gesetzt. Diese Markierung kann mit dem Befehl `\ref{fig:Beschreibung}` oder `\pageref{fig:Beschreibung}` referenziert werden.

```
1  \begin{figure}[H]
2    \centering
3    \includegraphics[width=8cm]{Bilder/Buchdrucker-1568.png}
4    \caption{figure}{Buchdruck im 16. Jahrhundert}
5    \label{fig: Buchdruck}
6  \end{figure}
```

Listing 4.5: Beispiel: Bild in einer Gleitumgebung

Erläuterungen

Zeile 1\begin{figure}[H]
Beginn einer Gleitumgebung für Abbildungen. Die Abbildung soll genau an dieser Stelle gesetzt werden.

Zeile 2\centering
Die Abbildung soll zentriert gesetzt werden.

Zeile 3\includegraphics[width=8cm]{...}
Fügt eine Abbildung ein.

Zeile 4\caption{figure}{...}
Mit dem Befehl `\caption{Bezeichnung}` wird eine Beschriftung definiert.

Zeile 5\label{fig:Buchdruck}
Mit dem Befehl `\label{fig:Beschreibung}` wird eine Markierung vom Typ *figure* mit der aktuellen Seitenzahl und der Beschreibung gesetzt.

Zeile 6\end{center}
Ende der Gleitumgebung.

4.11.1 Eine um 90° gedrehte Abbildung

Bei großen, seitenfüllenden Bildern im Querformat kann es erforderlich sein, diese hochkant zu setzen, während die Bildunterschrift unverändert bleiben soll. Hierzu ist im Befehl zum Einfügen der Abbildung `\includegraphics[Optionen]{Bild}` in den Optionen ein Drehwinkel von 90° anzugeben.
Die Skalierung der Abbildung kann unverändert mit den Optionen *scale*, *width* und *height* beeinflusst werden. Eine ganzseitige Abbildung erhalten Sie bspw. mit den Optionen `[width=\textwidth, height=\textheight]`.

```
1  \begin{figure}
2    \centering
3    \includegraphics[angle=90]{bild.png}
```

```
4 \end{figure}
```

Listing 4.6: Beispiel: Gedrehtes Bild mit normaler Unterschrift

Soll bei hochkant zu setzenden Bildern die Bildunterschrift ebenfalls um 90° gedreht werden, ist in der Präambel mit \usepackage{rotating} das Paket *rotating* einzubinden und die Abbildung in einer *sidewaysfigure*-Umgebung zu setzen. **Wichtig**: Das Bild wird auf einer einzelnen Seite gesetzt.

```
1 \begin{sidewaysfigure}
2   \includegraphics{bild.png}
3   \caption{Bild und Text um 90 Grad drehen}
4 \end{sidewaysfigure}
```

Listing 4.7: Beispiel: Gedrehtes Bild mit Unterschrift

4.11.2 Umfließen von Abbildungen mit Text

Sind die Bilder so schmal, dass ein Umfließen von Text sinnvoll ist, kann dies mit dem Paket *wrapfig* realisiert werden.

```
1 ...
2 \usepackage{wrapfig}
3 ...
4 \begin{minipage}[c]{\textwidth}
5 \begin{wrapfigure}[Zeilen]{Position}{Breite}
6    \includegraphics[...]{...}
7    \caption{Bildunterschrift}
8    \label{fig.Wrapfigure}
9 \end{wrapfigure}
10 Hier kommt der Text, der um das Bild fließt ...
11 \end{minipage}
```

Listing 4.8: Beispiel: Umfließendes Bild

Mit der Positionsangabe *i* für inside bzw. *o* für outside wird Ausgabe des Bildes am rechten oder linken Bildrand festgelegt. *Breite* legt die Breite der Box fest. Das Bild sollte mit seiner Breite dementsprechend etwas schmaler sein. Der Parameter *Zeilen* gibt die Anzahl der Zeilen an, die das Bild umfließen sollen.

Lorem ipsum dolor sit amet, consectetur adipiscing elit. Fusce turpis felis, sodales eu sapien semper, luctus egestas augue. Interdum et malesuada fames ac ante ipsum primis in faucibus. Mauris mauris risus, ornare id rhoncus in, imperdiet nec nunc. Duis scelerisque, augue quis porta volutpat, ante enim ultrices ligula, sed tempus urna enim sed ex. Fusce a tellus tempor, condimentum sem id, laoreet odio. Suspendisse sagittis nibh id sem auctor condimentum. Cras non nulla molestie, venenatis  lectus at, eleifend turpis. Aenean id porttitor nisl, non tristique justo. Donec tincidunt diam porttitor lorem viverra pretium. Sed libero nulla, semper a dapibus a, blandit eu odio. Duis ac convallis ...

Abbildung 4.6: Beispiel Wrapfig

Erläuterungen

Zeile 2 \usepackage {wrapfig}
Einbinden des Paketes *wrapfig*.

Zeile 4 \begin{minipage}
Beginn der *minipage*-Umgebung.

Zeile 5 \begin{wrapfig}
Beginn der *wrapfig*-Umgebung.

Zeile 6-8 \includegraphic ...
Einfügen des Bildes.

Zeile 9 \end{wrapfig}
Ende der *wrapfig*-Umgebung.

Zeile 10
Umfließender Text.

Zeile 11 \end{minpage}

Ende der *minipage*-Umgebung.

Wichtig: Wrapfig ist eine Umgebung, die eine Layoutberechnung für LATEX komplex macht und ggf. Seiteneffekte aufweist. Daher sollten Sie beachten:

- Vor der *wrapfig*-Umgebung ist der Absatz mit `\par` zu beenden.

- Mit zunehmender Zahl an umflossenen Grafiken wird die Layoutberechnung für LATEX ebenso zunehmend schwieriger.

- Die Bildunterschriften dürfen die Breite des Bildes nicht überschreiten.

- Die Zeilenzahl stellt sicher, dass nachfolgende Absätze nicht zur *wrapfig*-Umgebung gehören.

- Zur Vermeidung von Seiteneffekten ist die *wrapfig*-Umgebung in einer *Minipage*-Umgebung einzubetten. Siehe hierzu 4.15 »Minipages – Gestaltungselemente nebeneinander« auf Seite 103.

4.11.3 Mehrere Abbildungen über- oder nebeneinander

Sind mehrere Abbildungen auf einer Seite oder ganzseitige Abbildungen zu setzen, bietet LATEX zwei Optionen an.

Ein Ensemble mehrerer Abbildungen

Manchmal ist es erforderlich, zur Verdeutlichung einer Entwicklung mehrere Bilder unter- oder nebeneinander zu setzen. Jedes Bild soll dabei eine Teilunterschrift erhalten und das Ensemble eine Gesamtunterschrift. Hierzu ist das Paket *subfig* in die Präambel einzubinden.

In einer *figure*-Umgebung für das Bilderensemble wird jedes Einzelbild mit dem Befehl \subfloat[Teilunterschrift]{Label}\includegraphics[Optionen]{Bild} eingefügt. Der Umbruch erfolgt in Abhängigkeit der Bildgröße automatisch, kann aber auch mit \linebreak erzwungen werden. Ebenso kann der Abstand zwischen den Bilder über hspace{} oder \quad gesteuert werden.

```
1  \begin{figure}[ht]
2    \centering
3    \subfloat[Bild 1]{\label{Bildchen 1}%
4        \includegraphics[width=0.45\textwidth]{Dateipfad/Bild1.jpg
         }}
5    \quad
6    \subfloat[Bild 2]{\label{Bildchen 2}
7        \includegraphics[width=0.45\textwidth]{Dateipfad/Bild2.jpg
         }}
8    \linebreak
9    \subfloat[Bild 3]{\label{Bildchen 3}%
10       \includegraphics[width=0.45\textwidth]{Dateipfad/Bild3.jpg
         }}
11   \quad
12   \subfloat[Bild 4]{\label{Bildchen 4}
13       \includegraphics[width=0.45\textwidth]{Dateipfad/Bild4.jpg
         }}
14   \caption{Entstehungsgeschichte}
15   \label{figure:Entstehungsgeschichte}
16 \end{figure}
```

Listing 4.9: Beispiel: Bilderensemble

Erläuterung

Zeile 1 \begin{figure}
Beginn des Bilderensembles.

Zeile 2 \centering
Zentrierte Darstellung des Bilderensembles.

Zeile 3 \subfloat[subcaption][body]
Setzt ein Teilbild mit der Teilunterschrift *subcaption*. Der *body* enthält die Befehle zum Setzens eines Labels (Optional) und des Teilbildes.

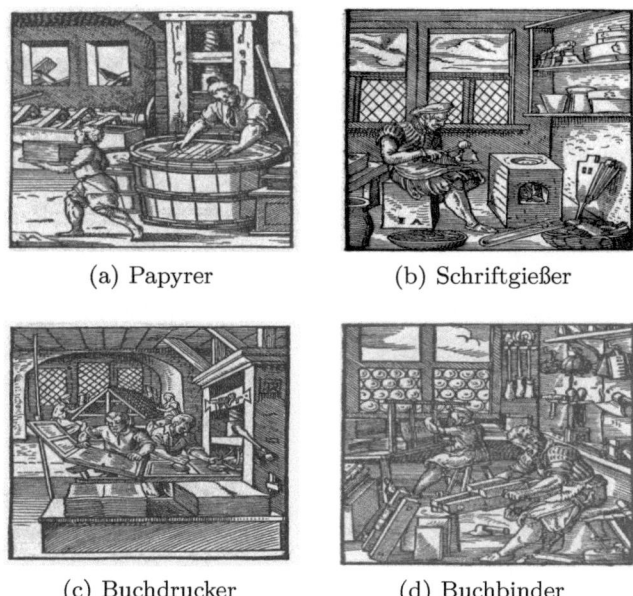

(a) Papyrer (b) Schriftgießer

(c) Buchdrucker (d) Buchbinder

Abbildung 4.7: Beispiel Bilderensemble Buchherstellung

Zeile 6 \quad
Abstand in der Breite 1 em.

Zeile 8 \linebreak
Zeilenumbruch.

Zeile 16 \end{figure}
Ende des Bilderensembles.

Bildtafeln

Beispielsweise sollten zur Reduzierung der Druckkosten Farbbilder auf einer Seite gesetzt werden. In diesem Fall sind mehrere Abbildungen mit jeweils einer eigenen Unterschrift auf einer Seite zu setzen. Hierzu ist das Paket *floatrow* in die Präambel einzubinden.

In einer *figure*-Umgebung für die Bildtafel werden die Einzelbilder zeilenweise in einer *floatrow*-Umgebung jeweils in einer *ffigbox* gesetzt.

Abbildung 4.8: Papyrer

Abbildung 4.9: Schriftgießer

Abbildung 4.10: Buchdrucker

Abbildung 4.11: Buchbinder

Abbildung 4.12: Beispiel für eine Bildertafel

```
1  \begin{figure}
2    \RawFloats
3    \centering
4    \begin{floatrow}
5      \ffigbox[0.49\textwidth]
6        {\caption{Zeile 1 Linke Abbildung}\label{fig:left}}
7        {\includegraphics[width=\linewidth]{bild.png}}
8      \quad
9      \ffigbox[0.49\textwidth]
10       {\caption{Zeile 1 rechte Abbildung}\label{fig:left}}
11       {\includegraphics[width=\linewidth]{bild.png}}
12     \end{floatrow}
13     \begin{floatrow}
```

```
14    \ffigbox[0.9\textwidth]
15      {\caption{Zeile 2 rechte Abbildung}\label{fig:left}}
16      {\includegraphics[width=\linewidth]{bild.png}}
17    \quad
18    \ffigbox[0.49\textwidth]
19      {\caption{Zeile 2 rechte Abbildung}\label{fig:left}}
20      {\includegraphics[width=\linewidth]{bild.png}}
21  \end{floatrow}
22  \label{fig:Bildertafel}
23 \end{figure}
```

Listing 4.10: Beispiel: Bilder nebeneinander

Erläuterung

Zeile 1 \begin{figure}
Beginn der Bildtafel.

Zeile 2 \RawFloats
Setzt die Definitionen des Pakets *floatrow* auf den LaTeX-Standard für die aktuelle Umgebung zurück.

Zeile 3 \centering
Zentrierte Darstellung des Bilderensembles.

Zeile 4 \begin{floatrow}
Beginn der eigentlichen *floatrow*-Umgebung.

Zeile 5 \ffigbox[Breite]{body}
Setz das erste Bild in eine Box der Breite *Breite*. Im Beispiel beträgt die Breite die Hälfte der Textbreite. *body* enthält die Bildunterschrift, das Label sowie das zu setzende Bild mit seinen Optionen. Die Längenangabe \linewidth errechnet sich aus der Breite der ffigbox.

Zeile 8 \quad
Abstand zum nächsten Bild mit der Breite 1 em.

Zeile 22 \label
Setzt ein Label.

Zeile 23 \end{figure}
Ende der Biltafel.

4.11.4 Bildqualität

Books on Demand erwartet für eine annehmbare Druckqualität der Abbildungen eine Auflösung von mindestens 300 DPI; bei Strichzeichnungen sogar 1200 DPI. Dieses Merkmal wird beim Hochladen und Speichern des Buchblocks durch Books on Demand automatisch überprüft.

Sollten Abbildungen dieser Anforderung nicht genügen, wird dies angezeigt bzw. die Möglichkeit einer Sichtprüfung angeboten. Eine Freigabe per Augenschein ist zwar möglich, jedoch hängt in diesem Fall die sichtbare Qualität vom vorhandenen Bildschirm ab und ist daher nicht verlässlich.

4.12 Fußnoten

Sollen Fußnoten gesetzt werden, ist direkt an der Stelle im Text der Befehl `\footnote{Text}` einzugeben. Die Fußnote wird an der unteren Kante der Seite ausgerichtet, wobei bis zu 75 % einer Seite für Fußnoten genutzt werden können. Reicht der Platz dennoch nicht aus, wird die Fußnote auf zwei Seiten gleichmäßig verteilt. Die Fußnote selbst wird von einer Linie der Dicke 0.4 pt und der Breite 2 in vom Text abgesetzt.

Für die Definition der Fußnotenformatierung in der Präambel stehen folgende Befehle zur Verfügung:

`\deffootnotemark{Markendefinition}` definiert das Aussehen der Fußnotenmarke im Text.

`\deffootnote[Markenbreite]{Einzug}{Absatzeinzug{}Markendefinition}` definiert das Aussehen der Fußnote.

Die Parameter können der nachfolgenden Abbildung entnommen werden.

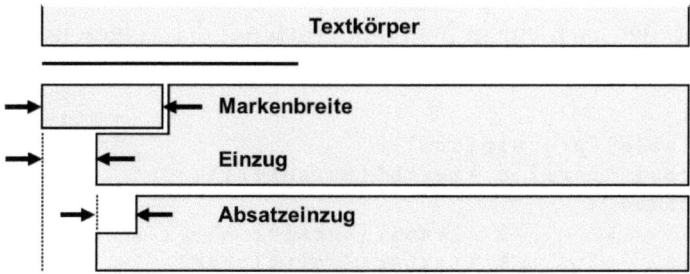

Abbildung 4.13: Fußnote

So definiert `\deffootnote[5mmm]{5mm}{0mm}{\textsuperscript{\thefootnotemark}\,}`
eine Fußnote, deren Markenbreite 5 mm beträgt und der Fußnotentext linksbündig zur Markenbreite abschließt. Die Fußnotenmarke ist hochgestellt zum
folgenden Text.

4.13 Tabellen

Tabellen werden in einer *tabular*-Umgebung mit `\begin{tabular}{Spaltenformat}`
... `\end{tabular}` gesetzt. Allerdings erlaubt *tabular* keine Seitenumbrüche.
Für das Einfügen von Tabellen, die über mehrere Seiten gehen können, ist in der
Präambel das Paket *longtable* zu laden. Tabellen werden dann in der Umgebung
`\begin{longtable}{Spaltenformat}` ... `\end{longtable}` gesetzt.

Das *Spaltenformat* definiert Anzahl und Ausrichtung der Tabellenspalten.
Eine Beschriftung wird mit dem Befehl `\caption{Bezeichnung}` hinzugefügt.
Soll die Tabelle zentriert werden, ist sie in eine Umgebung *center* einzu-
betten.

Der Aufbau der Tabelle erfolgt Zeilenweise. Die Zellen/Spalten werden mit
einem & getrennt. Das Ende der Zeile wird mit einem \\ gekennzeichnet.

Innerhalb der Zelle erfolgt der Zeilenumbruch mit dem Befehl `\newline`.
Eine waagrechte Linie über die Tabellenbreite wird mit dem Befehl `\hline`
gesetzt.
Der Tabellenkopf, der nach einem Seitenumbruch auf der Folgeseite erscheinen
soll, wird am Zeilenende mit dem Befehl `\endhead` abgeschlossen.

```
1  \begin{center}
2    \begin{longtable}{p{4cm}p{8cm}}
3      \textbf{Schriftform} & \textbf{Beispiel}\\
4      \hline\endhead
5      kursiv              & \textit{kursiv} \\
6      Kapitälchen         & \textsc{Kapitälchen}   \\
7      Aufrecht            & \textup{Aufrecht} \\
8      \caption{Schriftformen}
9      \label{tab:Schriftformen}
10   \end{longtable}
11 \end{center}
```

Listing 4.11: Beispiel: Tabelle

4.13.1 Spaltenformate

Spalten werden mit den nachfolgenden Parametern definiert:

Wert	Bedeutung
l	Linksbündig; die Breite ist dynamisch.
c	Zentriert; die Breite ist dynamisch.
r	Rechtsbündig; die Breite ist dynamisch.
p{Breite}	Blocksatz; die Breite wird mit dem Parameter *Breite* festgelegt.
|	vertikale Linie; sollte sparsam verwendet werden.

Tabelle 4.20: Spaltendefinition

Sollen Zahlenkolonnen mit Dezimalzahlen dargestellt werden, bietet das Paket *rcol* Formatierungshilfen mit dem Spaltentyp *R*. Nachdem das Paket mit `\usepackage{rcol}` in der Präambel eingebunden wurde, kann die Zahlenspalte mit R{Ganzzahl}{Dezimalstellen} definiert werden. *Ganzzahl* bestimmt die Anzahl der Stellen vor dem Dezimaltrenner, *Dezimalstellen* ist die Anzahl der Stellen nach dem Dezimaltrenner. Der Dezimaltrenner ist als Standard das Komma.

Die Berechnung der Tabellenbreite erfolgt über die Breite der einzelnen Zellen ergänzt um die Spaltenabstände sowie der Breite der ggf. gesetzten senkrechten Linien.

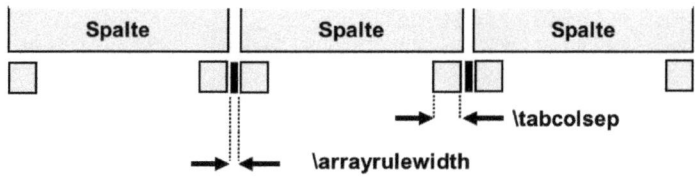

Abbildung 4.14: Berechnung der Tabellenbreite

Diese Gesamttabellenbreite ist die Breite, die für die waagrechte Linie genutzt wird. Die Standardwerte für den Spaltenabstand \tabcolsep und \arrayrulewidth sind 6 pt und 0.4 pt. Sofern die Definition der Spalten über die Parameter l, c und r bzw. | erfolgt, ist dem Wert \tabcolsep keine Beachtung zu schenken.

Erfolgt die Definition der Spalten über p{Breite}, ist für eine korrekte Ziehung der waagrechten Trennlinie mit \hline entweder die *Breite* unter Beachtung von \tabcolsep zu berechnen oder in der Präambel der Wert auf Null zu setzen mit dem Befehl \setlength{\tabcolsep}{0}.

4.13.2 Linien

Für horizontale Linien gibt es den Befehl \hline für eine durchgehende horizontale Linie sowie den Befehl \cline{von-bis} für eine horizontale Linie unter den Spalten *von* bis *bis*.

4.13.3 Mehrspaltige Zellen

Mit dem Befehl `\multicolumn{Anzahl}{Spaltendefinition}{Text}` werden mehrere Zellen einer Zeile zu einer Spalte zusammengefasst.

```
1  \hline
2  1 & 2 & 3\\
3  \cline{1-1}\cline{3-3}
4  \multicolumn{2}{c}{Spalte 1
   bis 2} & 3\\
5  ... & \multicolumn{2}{c}{
   Spalte 2 bis Spalte 3} \\
6  \cline{2-3}
```

Sp 1	Sp 2	Sp 3
1	2	3
Spalte 1 bis Spalte 2		...
1	2	3
...	Spalte 2 bis Spalte 3	
1	2	3

Abbildung 4.15: Beispiel Tabelle mit Linien und mehrspaltigen Zellen

4.13.4 Umfließen von Tabellen

Sind die Tabellen so schmal, dass ein Umfließen mit Text sinnvoll ist, kann dies mit dem Paket *wrapfig* realisiert werden.

```
1  \usepackage{wrapfig}
2  ...
3  \begin{wraptable}{Position}{Breite}
4     \begin{tabular}{...}
5        ...
6     \end{tabular}
7     \caption{Bildunterschrift}
8  \end{wraptable}
9  Hier kommt der Text, der um die Tabelle fließt ...
```

Listing 4.12: Beispiel: Umfließen einer Tabelle

Mit der Positionsangabe *i* für inside bzw. *o* für outside wird Ausgabe der Tabelle am rechten oder linken Bildrand festgelegt. *Breite* legt die Breite der Box fest. Die Tabelle sollte mit ihrer Breite dementsprechend etwas schmaler sein. Der Parameter *Zeilen* gibt die Anzahl der Zeilen an, die die Tabelle umfließen sollen.

Lorem ipsum dolor sit amet, consectetur adipiscing elit. Fusce turpis felis, sodales eu sapien semper, luctus egestas augue. Interdum et malesuada fames ac ante ipsum primis in faucibus. Mauris mauris risus, ornare id rhoncus in, imperdiet nec nunc. Duis scelerisque, augue quis porta volutpat, ante enim ultrices ligula, sed tempus urna enim sed ex. ...

Spalte 1	Spalte 2	Spalte 3
Lorem	ipsum	dolor
sit	amet	consectetur
adipiscing	elit	Fusce

Abbildung 4.16: Beispiel Wraptable

Wichtig: Wraptable ist eine Umgebung, die eine Layoutberechnung für LaTeX komplex macht und ggf. Seiteneffekte aufweist. Daher sollten Sie beachten:

- Zur Vermeidung von Seiteneffekten ist die *wrapfig*-Umgebung in einer *Minipage*-Umgebung einzubetten. Siehe hierzu 4.15 »Minipages – Gestaltungselemente nebeneinander« auf Seite 103.

- Die Tabellenunterschriften dürfen die Breite der Tabelle nicht überschreiten.

- Die Zeilenzahl stellt sicher, dass nachfolgende Absätze nicht zur *wraptable*-Umgebung gehören.

4.13.5 Tabellen und Unterschrift um 90° gedreht

Bei sehr breiten Tabellen kann es sinnvoll sein, diese hochkant auf einer einzelnen Seite zu setzen. Hierzu ist mit `\usepackage{rotating}` in der Präambel das Paket *rotating* einzubinden. Die Tabelle wird in einer *sidewaystable*-Umgebung wie folgt gesetzt:

```
1  \begin{sidewaystable}
2    \begin{longtable}{... Definition der Spalten ...}
3      ... Definition des Tabellenkopfes    \\
4      \hline\endhead                        \\
5      ... Tabellenzeile 1                   \\
6      ...
```

```
7      \caption{... Unterschrift ...}
8      \label{tab:Tabelle}
9    \end{longtable}
10 \end{sidewaystable}
```

Listing 4.13: Beispiel: Gedrehte Tabelle mit Unterschrift

4.14 Mehrspaltige Seiten

Der Standard von LATEX ist einspaltig. Im Dokument lässt sich dies mit dem Befehl \twocolumn für die jeweilige Seite ändern. Mit dem Befehl \onecolumn wird wieder auf einspaltig umgeschaltet. Allerdings gelten diese Befehle immer für eine ganze Seite.

Sofern auf einer Seite ein kurzer mehrspaltiger Absatz erforderlich ist, muss auf das Paket *multicol* zurückgegriffen werden.

Nachdem das Paket mit \usepackage{multicol} in der Präambel eingebunden wurde, steht die *multicols*-Umgebung für mehrspaltigen Text mit dem Befehl \begin{multicols}{Spaltenzahl}[preface] ... \end{multicols} zur Verfügung. *Spaltenzahl* gibt die Anzahl der Spalten an, *preface* ist der Text, der vor der Umgebung steht – beispielsweise eine Überschrift.

Sofern der Standarspaltenabstand nicht genügt, kann dieser mit dem Befehl \setlength{\columnsep}{Spaltenabstand} geändert werden.
Wird eine Trennlinie zwischen den Spalten gewünscht, ist mit dem Befehl \setlength{\columnseprule}{strichstärke} die Strichstärke auf mindestens 1 pt zu setzen.

Innerhalb der Umgebung wird mit dem Befehl \columnbreak ein Spaltenwechsel erzwungen.

Zur Vermeidung von Seiteneffekten ist die *multicols*-Umgebung in eine *minipage*-Umgebung einzubetten. Siehe hierzu 4.15 »Minipages – Gestaltungselemente nebeneinander« auf Seite 103.

Beispiel für einen zweispaltigen Bereich mit Text und Abbildung

```
1  \begin{multicols}{2}
2  \begin{lstlistin}
3  ...
4  \end{lstlistin}
5  \columnbreak
6  \includegraphics...
7  \captionof{figure}...
8  Inhalt...
9  \end{center}
10 \end{multicols}
11 \captionof{figure}...
```
Listing 4.14: Beispiel

Abbildung 4.17: Beispiel

Abbildung 4.18: Beispiel für eine *multicol*-Umgebung

4.15 Minipages

Minipages sind Umgebungen, die sich wie eine richtige Seite verhalten und somit Absätze, Tabellen, Abbildungen etc. enthalten dürfen, aber keine Gleitobjekte.

```
1  \begin{minipage}[Ausrichtung außen][Höhe][Ausrichtung innen]{
   Breite}
2  ...
3  \end{minipage}
```
Listing 4.15: Minipage

Parameter	Bedeutung
Ausrichtung	Definiert der Ausrichtung der Minipage nach außen bzw. Ausrichtung des Inhaltes. Möglich sind c - center, t - top oder b - bottom.
Höhe	Absolute Höhe der Minipage
Breite	Absolute Breite der Minipage

Tabelle 4.21: Formatierung der Minipage

```
1  \begin{figure}[h]
2    \centering
3    \begin{minipage}{0.49\
     textwidth}
4        ...
5    \end{minipage}
6    \hfill
7    \begin{minipage}{0.49\
     textwidth}
8      \includegraphics[width=0.9\
       linewidth]{...}
9    \end{minipage}
10   \caption{Beispiel ...}
11 \end{figure}
```

Abbildung 4.19: Beispiel zwei Minipages mit Text und Abbildung

Erläuterungen

Zeile 1 \begin{figure}
Beginn der *minipage*-Umgebung.

Zeile 2 \centering
Zentrieren der Ausgabe.

Zeile 3 \begin{minipage}[0.45\textwidth]
Beginn der Minipage-Umgebung mit einer Breite 0.45\textwidth. In dieser Minipage wird das aktuelle Listing ausgegeben.

Zeile 8 \hfill
Auffüllen de Zwischenraumes mit Leerraum.

Zeile 9 \begin{minipage}
Beginn der zweiten Minipage mit dem Bild.

Zeile 113 \begin{figure}
Ende der *minipage*-Umgebung.

Minipages können ebenfalls genutzt werden, Text, Abbildungen und Tabellen nebeneinander zu setzen. Hierzu sind die Elemente mit einer *figure*-Umgebung zu umgeben. Der Nachteil dieser Methode ist, dass die *figure*-Umgebung nur eine Unterschrift erlaubt.

Sofern Tabellen, Abbildungen oder Listings mit eigenen Unterschriften versehen werden sollen, ist die *multicols*-Umgebung zu nutzen. Siehe hierzu 4.14 »Mehrspaltige Seiten« auf Seite 102

4.16 Reservierte Zeichen

Ein Nachteil von LaTeX ist die Steuerung über Befehle im Text. Das heißt, bestimmte Zeichen sind für Befehle reserviert. Sollen diese dennoch gedruckt werden, sind sie zu maskieren oder durch eigene Befehle zu ersetzen.

Zeichen	Bedeutung	Maskierung
\	maskiert Sonderzeichen	\textbackslash
	leitet Befehle ein	
{, }	Umschließt Argumente,	\{, \}
	bildet Textblöcke	
%	Beginn eines Kommentars	\%
^	Exponent im Mathematikmodus	\^ {}
_	Index im Mathematikmodus	_
&	Tabulator	\&
#	Makroparameter	\#
~	Geschütztes Leerzeichen	\textasciitilde
[ ]	Eckige Klammern	{[} {]}
<, >	Spitze Klammern	\textless, \textgreater
"	Anführungszeichen	\dq
|	vertikale Linie	\textbar

Tabelle 4.22: Reservierte Zeichen

4.17 Verzeichnisse

4.17.1 Inhaltsverzeichnis

Das Inhaltsverzeichnis wird mit dem Befehl `\tableofcontents` einmal im Dokument ausgegeben. Die Anzahl der Ebenen wird mit dem Zähler *tocdepth* bestimmt. Der Zähler kann mit dem Befehl `\setcounter{tocdepth}{Wert}` manuell gesetzt werden. Der Aufbau des Inhaltsverzeichnisses erfolgt durch Auswerten der Gliederungsbefehle.

Darüber hinaus gibt es zwei weitere Befehle zur Anpassung des Inhaltsverzeichnisses.

`\addcontentsline\{toc\}\{Ebene\}\{Eintrag\}` fügt im Inhaltsverzeichnis auf der Ebene *Ebene* einen Eintrag *Eintrag* hinzu.

`\addcontents\{toc\}\{Eintrag\}` fügt im Inhaltsverzeichnis einen Eintrag *Eintrag* hinzu. Der Eintrag kann ein beliebiger Code sein.

Mini-Inhaltsverzeichnisse

Soll zum Anfang eines Kapitels nach der Überschrift ein Inhaltsverzeichnis des Kapitels ausgegeben werden , ist hierfür das Paket *minitoc* mit dem Befehl `\usepackage{minitoc}` in der Präambel zu laden und anschließend in der Präambel mit dem Befehl `\dominitoc` die Erstellung anzuweisen. Die Ausgabe des Mini-Inhaltsverzeichnisses erfolgt mit dem Befehl `\minitoc`. Die Anzahl der auszugebenden Ebenen wird mit dem Zähler *minitocdepth* gesteuert. Der Zähler kann mit dem Befehl `\setcounter{minitocdepth}{Wert}` manuell gesetzt werden.

Sollte vor dem ersten Teilverzeichnis kein Inhaltsverzeichnis gesetzt sein, ist der Befehl `\faketabelofcontents` auszuführen.

Das Einfügen eines Mini-Inhaltsverzeichnisses beeinflusst wiederum die Erstellung des Inhaltsverzeichnisses, so dass drei LaTeX-Läufe erforderlich sind.

4.17.2 Abbildungsverzeichnis

Das Abbildungsverzeichnis wird mit dem Befehl `\listoffigures` einmal im Dokument ausgegeben.

Die Bezeichnung für das Abbildungsverzeichnis wird mit dem Paket *babel* definiert. Sofern der Standardname *Abbildungsverzeichnis* geändert werden soll, kann dies mit KOMA-Script in der Präambel mit dem Befehl `\renewcaptionname` `{ngerman}{\listfigurename}{...}` erfolgen. Soll der Standardeintrag für den Untertitel einer Abbildung geändert werden, ist in der Präambel der Befehl `\renewcaptionname{ngerman}{\figurename}{...}` zu verwenden.

Die Einträge für das Abbildungsverzeichnis werden entweder mit dem Befehl `\caption{...}` in einer *figure*-Umgebung oder mit dem Befehl `\captionof{figure` `}{...}` bei einem Bild außerhalb einer *figure*-Umgebung erstellt.

Mini-Abbildungsverzeichnisse

Soll zum Anfang eines Kapitels nach der Überschrift ein Abbildungsverzeichnis des Kapitels ausgegeben werden, ist hierfür das Paket *minitoc* mit dem Befehl `\` `usepackage{minitoc}` in der Präambel zu laden und anschließend in der Präambel mit dem Befehl `\dominilof` die Erstellung anzuweisen. Die Ausgabe des Mini-Abbildungsverzeichnisses erfolgt mit dem Befehl `\minilof`.

Sollte vor dem ersten Teilverzeichnis kein Inhaltsverzeichnis gesetzt sein, ist der Befehl `\fakelistoffigures` auszuführen.

Das Einfügen eines Mini-Abbildungsverzeichnisse beeinflusst wiederum die Erstellung des Inhaltsverzeichnisses, so dass drei LaTeX-Läufe erforderlich sind.

4.17.3 Tabellenverzeichnis

Das Tabellenverzeichnis wird mit dem Befehl \listoftables einmal im Dokument ausgegeben.

Die Bezeichnung für das Tabellenverzeichnis wird mit dem Paket *babel* definiert. Sofern der Standardname *Tabellenverzeichnis* geändert werden soll, kann dies mit KOMA-Script in der Präambel mit dem Befehl \renewcaptionname{ngerman }{\listtablename}{...} erfolgen. Soll der Standardeintrag für den Untertitel einer Tabelle geändert werden, ist in der Präambel der Befehl \renewcaptionname {ngerman}{\tablename}{...} zu verwenden.

Die Einträge für das Tabellenverzeichnis werden jeweils mit dem Befehl \ caption{...} in der *Tabellen*-Umgebung erstellt.

Mini-Tabellenverzeichnisse

Soll zum Anfang eines Kapitels nach der Überschrift ein Tabellenverzeichnis des Kapitels ausgegeben werden , ist hierfür das Paket *minitoc* mit dem Befehl \ usepackage{minitoc} in der Präambel zu laden und anschließend in der Präambel mit dem Befehl \dominilot die Erstellung anzuweisen. Die Ausgabe des Mini-Tabellenverzeichnis erfolgt mit dem Befehl \minilot.

Sollte vor dem ersten Teilverzeichnis kein Inhaltsverzeichnis gesetzt sein, ist der Befehl \fakelistoftable auszuführen.

Das Einfügen eines Mini-Tabellenverzeichnisses beeinflusst wiederum die Erstellung des Inhaltsverzeichnisses, so dass drei LᴬTEX-Läufe erforderlich sind.

4.17.4 Listingsverzeichnis

Für die Erstellung eines Listingverzeichnis ist in der Präambel das Paket *listings* einzubinden, das Verzeichnis anzulegen sowie das Layout des Verzeichnisses zu definieren. Da dies in der Präambel geschieht, sind diese Definitionen in der Verantwortung des Verlages. Wichtig für den Autor ist der Inhalt – das Hinzufügen von Einträgen.

```
1  ...
2  \usepackage{listings}
3  \lstset{numbers=left,
4          numberstyle=\tiny,
5          stepnumber=1,
6          numbersep=5pt,
7          basicstyle=\ttfamily\footnotesize\raggedright,
8          breaklines=true,
9          breakindent=0pt,
10         language={[LaTeX]TeX}}
11 \lstset{literate={Ö}{{\"O}}1
12                  {Ä}{{\"A}}1
13                  {Ü}{{\"U}}1
14                  {ß}{{\ss}}1
15                  {ü}{{\"u}}1
16                  {ä}{{\"a}}1
17                  {ö}{{\"o}}1
18                  {~}{{\textasciitilde}}1
```

Listing 4.16: Präambel-Definition für das Listingsverzeichnis

Erläuterungen

Zeile 2 \usepackage{listings}
Bindet das Paket ein.

Zeile 47 \lstset{numbers=left, ... }
Steuert die Formatierung des Quelltextes:

numbers: Die Zeilennummern werden links ausgegeben.

numberstyle: Die Zeilennummern werden in der Schriftgröße \tiny gesetzt.

stepnumber: Die Zeilennummern werden um Eins erhöht.

numbersep: Die Zeilennummern stehen im Abstand 5 pt.

basicstyle: Formatierungsstil des Listings.

breaklines: Zeilenumbrüche sind erlaubt.

breakindent: Bei Zeilenumbruch erfolgt kein Einzug.

language: Die Programmiersprache ist LaTeX.

Zeile 55 \lstset{literate= ... }

Ermöglicht deutsche Umlaute und Sonderzeichen im auszugebenden Quelltext.

Hinzufügen von Einträgen

Die Einträge für das Listings-Verzeichnis werden mit dem Befehl \caption{...} in der *listings*-Umgebung erstellt.

Ausgabe des Verzeichnisses

Die Ausgabe des Verzeichnisses erfolgt mit dem Befehl \lstlistoflistings. aus dem Paket *listings*. Der Standardname ist »Listings«. Dieser Namen kann in der Präambel mit dem Befehl \renewcommand*{\lstlistlistingname}{Name} geändert werden.

4.17.5 Literaturverzeichnis

LATEX bietet verschiedene Möglichkeiten für die Erstellung eines Literaturverzeichnisses an:

1. **manuelle Erstellung** mit den Formatierungsmöglichkeiten von LATEX; eine Nutzung der Zitierbefehle ist damit nicht möglich.

2. **»halb«automatische Erstellung** mit der Umgebung thebibliography; damit ist eine Nutzung des Zitierbefehles \cite{Schlüssel} möglich.

3. **»umfassende Literaturverwaltung«** unter Nutzung einer BibTeX-Datenbank und des Paketes *biblatex*. Mit dieser Option ist ebenfalls eine Nutzung der Zitierbefehle möglich. Darüber hinaus bietet *biblatex* zahlreiche Optionen für Zitierstile, d. h. Darstellung der Zitate als auch des Literaturverzeichnisses.

Die einfachste Version ist Option 1 unter Nutzung einer *description*-Umgebung oder unter Nutzung der Gliederungsbefehle `\paragraph*{Name, Vorname}` usw. bzw. `\subparagraph*{Name, Vorname}` Titel, usw.

Vor- aber auch Nachteil ist die umfassende manuelle Kontrolle sowohl über das Literaturverzeichnis als auch die Zitate. Denn auch die Zitate erfolgen ohne besondere Befehle.

Die Herausforderung besteht in der durchgängigen einheitlichen Zitierweise der verwendeten Quwllwn/Literatur, die bei Nutzung der Zitierbefehle automatisch durch LaTeX gewährleistet ist.

Inhalt und Aufbau der Datei:

```
1 \addchap{Literaturverzeichnis}
2 \paragraph*{Knuth, Donald E.}\hspace{1cm}The \TeX book. Addison-
  Wesley, Reading, Massachusetts. 1996. \url{http://www.ctex.org/
  documents/shredder/src/texbook.pdf}
3 \paragraph*{Knuth, Donald E.}\hspace{1cm}Mathematical Typography.
  Bulletin (New Series) of the American Mathematical Society,
  Volume 1, Number 2, 1979. \url{https://projecteuclid.org/
  download/pdf_1/euclid.bams/1183544082}
4 \cleardoublepage
```

Listing 4.17: Datei 903-literaturverzeichnis.tex

Erläuterungen

Zeile 1 \addchap{Literaturverzeichnis}
Setzt im Inhaltsverzeichnis den unnummerierten Eintrag *Literaturverzeichnis* auf der Gliederungsebene *chapter*.

Zeile 2 \paragraph*{...}...
Fügt die Daten des Literaturverzeichnisses gemäß der vorgegebenen Formatierung hinzu. Das * unterdrückt die Ausgabe im Inhaltsverzeichnis..

Zeile 5 \cleardoublepage
Der nächste Abschnitt beginnt auf einer rechten Seite.

Das Listing ergibt die nachfolgende Ausgabe.

Literaturverzeichnis

Knuth, Donald E.   The TEXbook. Addison-Wesley, Reading, Massachusetts. 1996. `http://www.ctex.org/doc uments/shredder/src/texbook.pdf`

Knuth, Donald E.   Mathematical Typography. Bulletin (New Series) of the American Mathematical Society, Volume 1, Number 2, 1979. `https://projecteuclid. org/download/pdf_1/euclid.bams/1183544082`

Abbildung 4.20: Beispiel für ein selbsterstelltes Literaturverzeichnis

Umgebung »thebibliography«

Innerhalb der Umgebung wird jede Literatur-Quelle mit dem Befehl `\bibitem [Label] {Schlüssel} Quelle` in das Literaturverzeichnis eingetragen.
Label wird für die Bezeichnung der Quelle verwendet.
Schlüssel ist der Verweis, der beim Zitieren mit dem Befehl `\cite{}` genutzt wird. Allerdings ist dieser Zitier-Stil für deutsche Texte eher nicht geeignet.
Quelle ist die Literatur-/Quellenreferenz. Für diese können ebenfalls alle LATEX-Befehle für die Schriftauszeichnung etc. verwendet werden.

Inhalt und Aufbau der Datei:

```
1  \begin{thebibliography}{ABCDEFGHIJ9999}
2  % \bibitem[Label]{Schlüssel} Quelle
3  \bibitem[Knuth1996]{Knuth1996}Knuth, Donald E.\hspace{1cm}The \
   TeX book. Addison-Wesley, Reading, Massachusetts. 1996. \url{
   http://www.ctex.org/documents/shredder/src/texbook.pdf}
4  \bibitem[Knuth1979]{Knuth1979}Knuth, Donald E.\hspace{1cm}
   Mathematical Typography. Bulletin (New Series) of the American
```

```
  Mathematical  Society,  Volume  1,  Number  2, 1979. \url{https://
  projecteuclid.org/download/pdf_1/euclid.bams/1183544082}
5 \end{thebibliography}
6 \cleardoublepage
```

Listing 4.18: Datei 903-literaturverzeichnis.tex mit »thebibliography«

Das Listing ergibt die nachfolgende Ausgabe.

Literaturverzeichnis

[**Knuth1969**] Knuth, Donald E. The T_EXbook. Addison-Wesley, Reading, Massachusetts. 1996. `http://www.ctex.org/documents/shredder/src/texbook.pdf`

[**Knuth1979**] Knuth, Donald E. Mathematical Typography. Bulletin (New Series) of the American Mathematical Society, Volume 1, Number 2, 1979. `https://projecteuclid.org/download/pdf_1/euclid.bams/1183544082`

Abbildung 4.21: Beispiel für ein Literaturverzeichnis mit »thebibliography«

Erläuterungen

Zeile 1 \begin{thebibliography}{ABCDEFGHIJ9999}
Beginn der Literaturdatenbank. Die Zeichenfolge *ABCDEFGHIJ9999* ist ein Beispiel für die maximale Länge der möglichen Label.

Zeile 3ff \bibitem[Label]{Schlüssel} Quelle
Fügt einen Eintrag in die Literaturdatenbank hinzu. *Label* ist der Eintrag im Literaturverzeichnis, der die Quelle identifiziert. *Schlüssel* dient als Referenz für den Befehl \cite{Schlüssel}.

Zeile 5 \end{thebibliography}
Ende der Literaturdatenbank.

Zeile 6 \cleardoublepage
Der nächste Abschnitt beginnt auf einer rechten Seite.

Das Zitieren der Quellen/Literatur im Dokument erfolgt mit dem Befehl `\cite`
`[Text] {Schlüsselliste}`. *Schlüsselliste* sind ein oder mehrere, durch Komma
getrennte Schlüssel, die einen Eintrag in der Literaturdatenbank identifizieren.
Text ist ein ergänzender Text, bspw. eine Seitenangabe zum Literaturhinweis,
die mit Komma getrennt, der Quellen-/Literaturangabe folgt.

BIBTEX, biber und biblatex

Die Kombination von BIBTEX, biber und biblatex bietet erweiterte bibliografische Möglichkeiten für die Erstellung von Literaturverzeichnissen. Das Paket
biblatex ist eine komplette Neuimplementierung der bibliografischen Einrichtun-
gen von LATEX. Das BibLaTeX-Paket arbeitet mit dem »Backend«(Programm)
biber, das standardmäßig verwendet wird, um die Datenbanken im BIBTEX-
Format zu verarbeiten. Biber nimmt damit im Hintergrund alle erforderlichen
Sortierungen, Etikettierungen etc. vor. Die Formatierung der Bibliografie wird
vollständig von TEX-Makros gesteuert.
Die BIBTEX-Datenbank ist eine Text-Datei mit der Endung *.bib*, die alle Quellen
mit ihren Angaben(Autor, Titel, Verlag, Erscheungsjahr, ISBN, Typ – Buch,
Wissenschaftliche Publikation, Webseite etc.) enthält und über das Programm
biber sowie das Paket *biblatex* verarbeitet wird. Die BIBTEX-Datenbanken
sollten vor allem bei umfangreichen Bibliographien über externe Programme
gepflegt werden.

Um ein Literaturverzeichnis zu erstellen, werden aus einem LATEX-Dokument
alle Zitatverweise herausgesucht und über die Literatur-Datenbank dem entsprechenden Werk zugeordnet.
Die zitierten Werke werden mit biber sortiert und durch eine entsprechende Anweisung im LATEX-Dokument mit einem definierten Stil aufgelistet.

Eine umfassende Beschreibung hat Herbert Voß mit seinem Buch »Bibliografien mit LATEX«, Lehmanns media, 2017, 3., korrigierte Auflage, erstellt.

Für den Umgang mit BIBTEX, biber und biblatex sind nachfolgende Grundlagen erforderlich.

- Aufbau und Verwendung der BIBTEX-Datenbank.

- Formatierung/Stile
  – für die Zitate – für das Literaturverzeichnis.

- Erstellung des Literaturverzeichnisses.

- Ausgabe des Literaturverzeichnisses
  – unterteilt,
  – verteilt.

- Zitierbefehle.

Aufbau und Verwendung der BIBTEX-Datenbank

Die BIBTEX-Datenbank ist eine Text-Datei, die alle verwendeten Quellen mit einer vorgegebenen Syntax @TYP {Schlüssel, Feldliste} auflistet.

Nachfolgend ein Beispiel für einen Datenbankeintrag für ein Buch.

```
@BOOK{Voß2016,
      AUTHOR = {Voß, Herbert},
      YEAR = {2016},
      TITLE = {Einführung in LaTeX - unter Berücksichtigung von
               pdfLaTeX, XLaTeX und LuaLaTeX},
      ISBN = {978-3-865-41798-5},
      PUBLISHER = {Lehmanns Media},
      ADDRESS = {Berlin},
      }
```

Abbildung 4.22: Beispiel für den BIBTEX-Literaturtyp Buch

BIBT_EX kennt unter anderem die nachfolgenden Literaturtypen mit den dazugehörigen Feldern.

Eine vollständige Übersicht enthält die Paketbeschreibung.

Typ	Bedeutung	Pflichtfelder	Optional
article	Zeitungs- oder Zeitschriftenartikel	author, title, journal, year	volume, number, pages, month, note
book	Buch	author/editor, title, publisher, year	volume/number, series, address, edition, month, note, isbn
conference	Wissenschaftliche Konferenz	author, title, booktitle, year	editor, volume/number, series, pages, address, month, organization, publisher, note
inbook	Teil eines Buches	author/editor, title, chapter/pages, publisher, year	volume oder number, series, type, address, edition, month, note
incollection	Teil eines Buches (z. B. Aufsatz in einem Sammelband) mit einem eigenen Titel	author, title, booktitle, publisher, year	editor, volume/number, series, type, chapter, pages, address, edition, month, note
inproceedings	Artikel in einem Konferenzbericht	author, title, booktitle, year	editor, volume/number, series, pages, address, month, organization, publisher, note

Typ	Bedeutung	Pflichtfelder	Optional
manual	Technische Dokumentation	address, title, year	author, organization, edition, month, note
mastersthesis	Diplom-, Magister- oder andere Abschlussarbeit (außer Promotion)	author, title, school, year	type, address, month, note
misc	beliebiger Eintrag (wenn nichts anderes passt)		author, title, howpublished, month, year, note
online	Online-Quelle	author/editor, title, year/date, url	subtitle, titleaddon, language, version, note, organization, date, month, year, addendum, pubstate, urldate
phdthesis	Promotionsarbeit	author, title, school, year	type, address, month, note
proceedings	Konferenzbericht	title, year	editor, volume/number, series, address, month, organization, publisher, note
techreport	veröffentlichter Bericht einer Hochschule oder anderen Institution	author, title, institution, year	type, note, number, address, month
unpublished	nicht formell veröffentlichtes Dokument	author, title, note	month, year

Tabelle 4.23: Literaturtypen von BibTeX

Die Erstellung der BibTeX-Datenbank kann manuell mit einem beliebigen Text-Editor erfolgen. Die erforderlichen Daten erhalten Sie bspw. anhand der ISBN-Nummer direkt im BibTeX-Format aus dem Internet.
Eine mögliche Adresse ist `https://www.literatur-generator.de/` oder auch `https://www.ottobib.com/`.

Für eine umfangreiche Literaturdatenbank ist jedoch eine Tool-Unterstützung sinnvoll. Dies leistet bspw. die freie Java-Anwendung JabRef. JabRef bietet eine Oberfläche zur Bearbeitung von BibTeX-Dateien, zum Import von Daten aus wissenschaftlichen Online-Datenbanken und zum Verwalten und Suchen in BibTeX-Dateien. Für die Erstellung von Datenbanken kann zudem über die ISBN-Nummer jeweils ein Eintrag generiert werden.

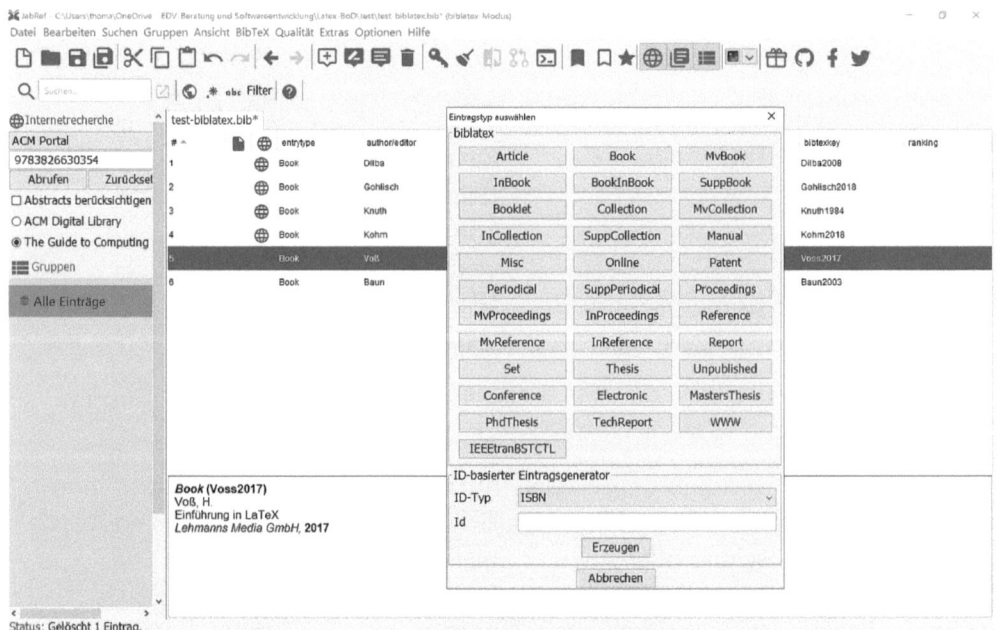

Abbildung 4.23: Literaturverwaltung mit JabRef

Damit eine BibTeX-Datenbank mit LaTeX verwendet werden kann, ist sie in der Präambel mit dem Befehl `\addbibresource{Datenbank.bib}`addbibresource einzubinden. Sollen mehrere BibTeX-Datenbanken eingebunden werden, ist der Befehl `\addbibresource{}` mehrfach aufzurufen.

Formatierung/Stile

Das Erscheinungsbild des Literaturverzeichnisses und der Zitate wird durch BibTeX-Stildateien bestimmt. biblatex unterstützt sowohl das numerische Format, welches der Standard bei LaTeX ist, als auch Autor-Jahr bzw. Autor-Titel-Schemen. Dieser Stil wird beim Aufruf des Paketes *biblatex* in den Optionen mit dem Parameter *style=* festgelegt.

Sollen für Zitate und Literaturverzeichnis unterschiedliche Stile genutzt werden, sind die Parameter *citestyle* und *bibstyle* zu nutzen.

Stil	Beschreibung
numeric	Numerisches Schema vergleichbar dem LaTeX-Standard. Beispiel: `[1, 4, 3, 5]`
alphabetic	Alphabetisches Schema für den Autor. Beispiel: `[Voß]`
authoryear	Alphabetisches Schema für den Autor ergänzt um das Erscheinungsjahr. Beispiel: `[Voß 2016]`
	Mit dem Paket *biblatex-iso690* steht eine Erweiterung zum Zitieren und Bibliographieren gemäß der DIN ISO 690:2013-10 »Information und Dokumentation -– Richtlinien für Titelangaben und Zitierung von Informationsressourcen« zur Verfügung.
	Das Paket wird eingebunden durch `\usepackage[style= iso-authoryear]{biblatex}`.

Stil	Beschreibung
authortitle	Alphabetisches Schema für den Autor ergänzt um den Titel. Im Literaturverzeichnis wird kein Label ausgegeben.
	Beispiel: [Voß, *Einführung in LATEX*] Mit dem Paket *biblatex-dw* steht eine Erweiterung zum Zitieren und Bibliographieren im geisteswissenschaftlichen Bereich zur Verfügung.
	Das Paket wird eingebunden durch `\usepackage[style=authortitle-dw]{biblatex}`.

Tabelle 4.24: Ausgewählte Zitierstile für Zitate und Literaturverzeichnisse

Erstellung des Literaturverzeichnisses

Aus der/den BIBTEX-Datenbanken erzeugt *biber* eine sortierte Literaturdatenbank, die durch biblatex gemäß den Formatierungsvorgaben in eine tex-Datei überführt wird. Somit sind ein oder mehrere Aufrufe des Programmes *biber* erforderlich.

Bei TEXstudio wird mit »Tools | Bibliographie« bzw. der Taste *F8* das Programm *biber* aufgerufen.

Ausgabe des Literaturverzeichnisses

Die Ausgabe des Literaturverzeichnisses erfolgt mit dem Befehl `\printbibliography [Parameter]`. Für *Parameter* existieren unter anderem nachfolgende Werte.

Parameter	Bedeutung
title	Titel des Literaturverzeichnisses.
prenote	Die Prenote ist ein beliebiges Stück Text, das nach der Überschrift ausgegeben wird, aber vor der Liste von Quellenreferenzen steht.

Parameter	Bedeutung
postnote	Die Postnote ist ein beliebiges Stück Text, das nach der Liste von Referenzen ausgegeben wird.
type	Gibt nur Einträge aus, die vom aufgeführten Typ sind. Diese Option wird für die Erstellung unterteilter Literaturverzeichnisse benötigt.
keyword	Gibt nur Einträge der BibTeX aus, die das aufgeführte *keyword* besitzen. Diese Option wird für die Erstellung unterteilter Literaturverzeichnisse benötigt.
section	Gibt nur Einträge aus, die im betreffenden Referenzsegment zitiert wurden. Die Referenzsegmente sind nummeriert, beginnend bei Eins. Alle Zitierungen, die außerhalb einer *refsegment*-Umgebung angegeben werden, sind dem Segment Null zugeordnet. Diese Option wird für die Erstellung verteilter Literaturverzeichnisse benötigt.
heading	Formatierung der Überschrift bzw. Anzeige im Inhaltsverzeichnis. Mögliche Werte sind: *bibliography* Ausgabe auf der Ebene *chapter*. *subbibliography* Ausgabe auf der Ebene *section*. *bibintoc* Ausgabe auf der Ebene chapter auch im Inhaltsverzeichnis. *subbibintoc* Ausgabe auf der Ebene *section* auch im Inhaltsverzeichnis. *bibnumbered* Ausgabe auf der Ebene *chapter* im Inhaltsverzeichnis mit nummeriertem Eintrag. *subbibnumbered* Ausgabe auf der Ebene *section* im Inhaltsverzeichnis mit nummeriertem Eintrag.

Tabelle 4.25: Ausgewählte Parameter für die Ausgabe des Literaturverzeichnisses

Für die Ausgabe werden alle Einträge der BibTeX-Datenbank genutzt, die mit \cite{Schlüssel} referenziert werden. Sollen Einträge der BibTeX-Datenbank ausgegeben werden, die nicht zitiert wurden, ist dies mit dem Befehl \nocite

{Schlüssel} anzugeben. Sollen alle nicht referenzierten Einträge ausgegeben werden, ist der Befehl \nocite zu nutzen.

Unterteiltes Literaturverzeichnis

Sofern es notwendig ist, das Literaturverzeichnis anhand der Quellen oder Primär- und Sekundärliteratur bzw. weiterer Kriterien aufzuteilen, ist dies ebenfalls möglich. Hierzu dient das Feld *keywords* bzw. das Feld *type*. Mit dem Feld *type* kann das Literaturverzeichnis nach dem Typ der Einträge – book, article, online, misc, etc. – unterteilt werden. Mit dem Feld *keywords* lassen sich beliebige Unterteilungen definieren. Diesen unterteilten Literaturverzeichnissen lassen sich mit dem Befehl \defbibheading{Name}{Formatierung} beliebige Namen zuweisen.

Beispielsweise definiert der Befehl \defbibheading{TeXForen}{\section{\TeX-Foren}} eine Abschnittsüberschrift, die mit \printbibliography[heading=TeXForen, keyword=TeXForen] alle Einträge der BibTeX-Datenbank ausgeben, die ein Internet-Forum für TeX referenzieren.

Sollen alle Einträge der BibTeXDatenbank ausgegeben werden, die vom Typ »online« sind, lässt sich dies mit den Befehlen \defbibheading{Online}{\section{Online-Quellen}} und \printbibliography[heading=Online, type=online] umsetzen.

Haben Sie keinen schreibenden Zugriff auf die BibTeX-Datenbank, d. h. Sie können die Einträge nicht ändern, bietet *biblatex* die Option, die Datenbank anhand der Schlüssel der jeweiligen Einträge zu unterteilen.

Hierzu ist mit \DeclareBibliographyCategory{Name} eine Kategorie zu definieren. Die dazugehörige Überschrift wird mit defbibheading{Name}{Formatierung} erstellt. Die Ausgabe des entsprechenden Verzeichnisses erfolgt mit \printbibliography [heading=Name, category=Name]. Sollen alle mit Kategorien erstellte Literaturverzeichnisse ausgegeben werden, geschieht dies mit dem Befehl \bibbicategory. Die Kategorien werden mit dem Befehl \addtocategory{Name}{Schlüssel} gefüllt.

Verteiltes Literaturverzeichnis

Neben der thematischen Unterteilung eines Literaturverzeichnisses kann es bei Tagungsbänden erforderlich sein, pro Tagungsbeitrag ein eigenes Literaturverzeichnis zu erstellen. Hierzu ist das Dokument mit der *refsection*-Umgebung mit `\begin{refsection}` ... `\end{refsection }` in einzelne Bereiche aufzuteilen. *biblatex* erzeugt dann für jeden Bereich eine eigene Hilfsdatei mit den erforderlichen Einträgen für das jeweilige Literaturverzeichnis. Für jeder dieser Dateien ist ein eigener biber-Lauf durchzuführen.

Soll das Literaturverzeichnis am Ende jedes Bereiches ausgegeben werden, reicht der Aufruf `\printbibliography` vor dem Ende der *refsection*-Umgebung.

Soll das Literaturverzeichnis am Ende des Dokumentes unterteilt nach den einzelnen Bereichen ausgegeben werden, ist für jeden Bereich `\printbibliography` `[section=...]` aufzurufen. Alternativ kann der Befehl `\bibbysection` aufgerufen werden, der für alle *refsection*-Umgebungen, in denen Verweise vorkommen, das jeweilige Literaturverzeichnis ausgibt.

Zitierbefehle

Neben dem bereits bekannten Befehl `\cite[Text]{Schlüsselliste}` bietet *biblatex* weitere Zitierbefehle.

Befehl	Bedeutung
\Cite[Text]{Schlüssel}	Erzwingt Großschreibung bei der Ausgabe.
\parencite[Text]{Schlüssel}	Die Ausgabe ist vergleichbar dem Befehl `\cite[Text]{Schlüssel}`
	Die Ausgabe wird in Klammern gesetzt.
\textcite[Text]{Schlüssel}	Die Ausgabe ist vergleichbar dem Befehl `\cite[Text]{Schlüssel}`.
\footcite[Text]{Schlüssel}	Die Ausgabe ist vergleichbar dem Befehl `\cite[Text]{Schlüssel}`
	Die Ausgabe erfolgt in einer Fußnote.
\citeauthor[Text]{Schlüssel}	Gibt den Autor der referenzierten Literatur aus.

Befehl	Bedeutung
\citetitle[Text]{Schlüssel}	Gibt den Titel der referenzierten Literatur aus.
\citeyear[Text]{Schlüssel}	Gibt das Erscheinungsjahr der referenzierten Literatur aus.
\citeurl[Text]{Schlüssel}	Gibt die URL der referenzierten Literatur aus.

Tabelle 4.26: Zitierbefehle für biblatex

4.17.6 Glossar

LᴬTᴇX bietet verschiedene Möglichkeiten für die Erstellung eines Glossars an:

1. **manuelle Erstellung** mit den Formatierungsmöglichkeiten von LᴬTᴇX; eine Nutzung von möglichen Steuerbefehlen eines Paketes für Zitieren und Referenzieren ist damit nicht möglich.

2. **»umfassende« Glossarverwaltung** mit dem Paket *glossaries*.

Die einfachste Version ist Option 1 unter Nutzung einer description-Umgebung oder unter Nutzung der Gliederungsbefehle \paragraph*{Stichwort} Beschreibung bzw. \subparagraph*{Stichwort} Beschreibung.

Vor- aber auch Nachteil ist die umfassende manuelle Kontrolle sowohl über das Glossar als auch die Zitate/Refernzen. Denn auch die Zitate/Refernzen erfolgen ohne besondere Befehle.

Inhalt und Aufbau der Datei:

```
1  \addchap{Glossar}
2  \begin{description}
3  ...
4      \item[Schusterjunge] Ein Schusterjunge ist eine einzelne,
       erste Zeile eines Absatzes, die als letzte Zeile am ...
```

```
5 ...
6 \end{description}
7 \cleardoublepage
```

Listing 4.19: Datei 905-glossar.tex

Das Listing ergibt nachfolgende Ausgabe.

Glossar

Schusterjunge Ein Schusterjunge ist eine einzelne, erste Zeile eines Absatzes, die als letzte Zeile am Ende einer Seite oder Spalte steht.

Abbildung 4.24: Beispiel für ein selbsterstelltes Glossar

Erläuterungen

Zeile 1 \addchap
Im Inhaltsverzeichnis wird ein Eintrag auf der Kapitel-Ebene jedoch ohne Nummerierung eingefügt.

Zeile 2.\begin{description}
Beginn einer Aufzählung in Form einer Stichwortliste.

Zeile 3.\item[Begriff]
Der zu erläuternde Begriff wird im Absatz in Fett gesetzt; die Erläuterung folgt anschließend als Fließtext.

Zeile 6.\end{description}
Ende der Aufzählung.

125

Zeile 7.\cleardoublepage
Der nächste Abschnitt beginnt auf einer rechten Seite.

Glossar mit »glossaries«

Für eine »umfassende« Verwaltung eines Glossars ist das Paket *glossaries* mit dem Befehl \usepackages{glossaries} in der Präambel einzubinden.

glossaries stellt Befehle für die Erstellung, Formatierung und Ausgabe von ein- oder mehreren Glossaren zur Verfügung. Darüber hinaus stellt *glossaries* Befehle für die Erstellung von Verzeichnissen für Akronyme und Abkürzungen zur Verfügung.

Das Paket ist nach den Paketen *babel*, *fontenc* und *inputenc* zu laden.

Die Erstellung des Glossars wird mit dem Befehl \makeglossaries angewiesen. Das Glossar wird anschließend mit dem Befehl \newglossaryentry{Schlüssel} {Glossareintrag} sukzessive gefüllt. Für den *Glossareintrag* sind nachfolgende, durch Komma getrennte Parameter möglich. Die Mindestangaben sind \newglossaryentry{Schlüssel}{name={...},description={...}}.
Schlüssel ist die Referenz, die zur Anzeige des Glossareintrags mit dem Befehl \gls{Schlüssel} im Dokument genutzt wird.

Parameter	Bedeutung
name	Der Fachbegriff; fehlt dieser, wird die *parent*-Angabe genutzt bzw. der *Schlüssel*.
description	Die Beschreibung des Fachbegriffes.
descriptionplural	Die Beschreibung des Fachbegriffes im Plural.
text	Legt den auszugebenden Text für den Befehl \gls{Schlüssel}.
plural	Legt den auszugebenden Text für den Befehl \glspl{Schlüssel}.
symbol	Definiert ein Symbol für den Eintrag.
symbolplural	Legt die Pluralform für das Symbol fest. Fehlt dieser Eintrag, wird *symbol* verwendet.

Parameter	Bedeutung
first	Legt den auszugebenden Text für die erste Verwendung des Befehls \gls{Schlüssel}.
firstplural	Legt den auszugebenden Text für die erste Verwendung des Befehls \glspl{Schlüssel}.
parent	*Schlüssel* des übergeordneten Eintrags.
sort	Nach dieser Angabe wird sortiert. Fehlt diese Angabe wird nach *name* oder *parent* oder *schlüssel* sortiert.
type	Legt den Typ des Eintrags – acronym oder main (Glossar) fest.
nonumberlist	Der Eintrag wird nicht nummeriert.
see	Verweis auf einen anderen Eintrag.

Tabelle 4.27: Parameter für \newglossaryentry

Weitere Befehle für den Umgang mit Glossareinträgen sind:

Befehl	Bedeutung
\Gls{Schlüssel}	Gibt die Kurzform aus; der erste Buchstabe wird als Großbuchstabe ausgegeben.
\glspl{Schlüssel}	Gibt die Pluralform der Kurzform aus.
\Glspl{Schlüssel}	Gibt die Pluralform der Kurzform aus; der erste Buchstabe wird als Großbuchstabe ausgegeben.

Tabelle 4.28: Befehle für Glossareinträge

Die Ausgabe des Glossars erfolgt mit dem Befehl \printglossary. Grundsätzlich werden nur die Abkürzungen aufgenommen, die mit \gls{...} im Dokument angezeigt wurden. Sollen jedoch alle definierten Abkürzungen ausgegeben werden, ist dies mit dem Befehl \glsaddall anzuzeigen.

Die Formatierung der Ausgabe erfolgt mit dem Befehl \setglossarystyle{Stil}.

Für den Ausgabestil ist u. a. definiert:

list Fachbegriff Beschreibung Seitenzahlen.

listgroup *list* gruppiert nach Anfangsbuchstaben.

Wichtig: Nach dem ersten Durchlauf von LᴬTEX ist das Programm *makeglossaries* aufzurufen, welches die Einträge des Glossars sammelt und das Glossar erstellt. Dieses ist in einem weiteren LᴬTEX-Durchlauf einzubinden. Im dritten LᴬTEX-Durchlauf wird das Inhaltsverzeichnis erstellt.

Bei TEXstudio wird mit »Tools | Glossary« bzw. der Taste *F9* das Programm *makeglossaries* aufgerufen.

Inhalt und Aufbau der Beispieldatei:

```
1 \usepackage[toc]{glossaries}
2 \makeglossaries
3 ...
4 \newglossaryentry{schusterjunge}{name=Schusterjunge, plural=
  Schusterjungen,  description={Ein Schusterjunge ist eine einzelne
  , erste Zeile eines Absatzes, die als letzte Zeile am Ende einer
  Seite oder Spalte steht}}
5 ...
6 Ein \gls{schusterjunge} ...  und dann noch \glspl{schusterjunge
  }.\par
7 ...
8 \printglossary
9 \cleardoublepage
```

Listing 4.20: Beispiel Glossar mit dem Paket *glossaries*

Erläuterungen

Zeile 1 \usepackage[toc]{glossaries}
Einbinden des Paketes *glossaries* mit der Option Abkürzungsverzeichnis.

Zeile 2 \makeglossaries
Erstellen eines Abkürzungsverzeichnisses.

Zeile 4-6 \newacronym
Erstellen von Einträgen im Abkürzungsverzeichnis.

Zeile 8, 9 \gls{...}
Anzeige der Abkürzungen. Beim ersten Aufruf mit der Langform, anschließend mit der Kurzform.

Zeile 8 \printglossary
Ausgabe des Abkürzungsverzeichnisses mit dem Titel *Glossar* sowie dem Eintrag im Inhaltsverzeichnis mit *Glossar*. Für alternative Titel sind diese anzugeben, bspw. mit `\printglossary[title=Verzeichnis der Fachbegriffe, toctitle=Fachbegriffe]`.

Zeile 9 \cleardoublepage
Der nächste Abschnitt beginnt auf einer rechten Seite.

Das Listing ergibt nachfolgende Ausgabe.

Ein Schusterjunge ... und dann noch Schusterjungen.

Glossar

Schusterjunge Ein Schusterjunge ist eine einzelne, erste Zeile eines Absatzes, die als letzte Zeile am Ende einer Seite oder Spalte steht. 3

.

Abbildung 4.25: Beispiel für ein Glossar mit dem Paket *glossaries*

Soll die Seitennummer der erstmaligen Ausgabe des Fachbegriffes unterdrückt werden, ist zusätzlich die Option *nonumberlist* beim Aufruf des Paketes *glossaries* anzugeben: `\usepackage[toc,nonumberlist]{glossaries}`.

4.17.7 Abkürzungsverzeichnis

LʌTEX bietet verschiedene Möglichkeiten für die Erstellung eines Abkürzungs-verzeichnisses an:

1. **manuelle Erstellung** mit den Formatierungsmöglichkeiten von LʌTEX; eine Nutzung von möglichen Steuerbefehlen eines Paketes ist damit nicht möglich.

2. **»umfassende« Verwaltung von Abkürzungen** mit dem Paket *glossaries*.

Die einfachste Version ist Option 1 mit einer Aufzählung in einer *labeling*-Umgebung.

Inhalt und Aufbau der Datei:

```
1 \addchap{Abkürzungsverzeichnis}
2 \begin{labeling}{CTAN}
3 ...
4 \item[\textbf{CTAN}] Comprehensive Tex Archive Network
5 \item[\textbf{pt}] Point
6 \item[\textbf{TUG}] TEX User group
7 ...
8 \end{labeling}
9 \cleardoublepage
```

Listing 4.21: Datei 906-Abkuerzungsverzeichnis.tex

Erläuterungen

Zeile 1 \addchap
Im Inhaltsverzeichnis wird ein Eintrag auf der Kapitel-Ebene jedoch ohne Nummerierung eingefügt.

Zeile 2.\begin{labeling}...
Beginn einer *labeling*-Umgebung ohne Trennzeichen. Die Spaltenbreite richtet sich nach dem Wort CTAN aus.

Zeile 3 ... \textbf{... }
Setzt den Text der Abkürzung Fett.

Zeile 8.\end{labeling}...
Ende der Aufzählung.

Zeile 9.\cleardoublepage
Sofern erforderlich wird eine Leerseite eingefügt, damit der nächste Abschnitt
auf einer rechten Seite beginnt.

Das Listing ergibt nachfolgende Ausgabe.

Abkürzungsverzeichnis

CTAN   Comprehensive TEX-Archive Network

pt   Point

TUG   TEX User group

Abbildung 4.26: Beispiel für ein selbsterstelltes Abkürzungsverzeichnis

Abkürzungsverzeichnis mit »glossaries«

Das Paket *glossaries* ermöglicht neben der Erstellung von Glossaren ebenfalls
die Erstellung eines Abkürzungsverzeichnisses. Hierzu ist in der Präambel das
Paket *glossaries* mit der Option *acronym* zu laden: `\usepackage[toc, acronym] {`
`glossaries}`. Auch hier gilt: das Paket ist nach den Paketen *babel*, *fontenc* und
inputenc zu laden.

Die Erstellung des Verzeichnisses wird mit dem Befehl `\makeglossaries` angewiesen. Das Abkürzungsverzeichnis wird anschließend mit dem Befehl `\newacronym` `[longplural={Langform im Plural}]{Schlüssel}{Kurzform}{Langform}` sukzessive gefüllt. *Langform* ist die ausgeschriebene Version der Abkürzung, *Kurzform* ist die eigentliche Abkürzung. Sofern die Mehrzahl der Kurzform ohne »s« gebildet wird, wird mit dem Schlüsselwort *longplural* die Mehrzahl angegeben. *Schlüssel* ist die Referenz, die zur Anzeige der Abkürzung mit dem Befehl `\gls{Schlüssel}` im Dokument genutzt wird.

Beim ersten Aufruf von `\gls{Schlüssel}` wird die zum Schlüssel gehörende Langform ergänzt um die Kurzform in der Form »*Langform (Kurzform)*« ausgegeben. Bei den nachfolgenden Aufrufen `\gls{Schlüssel}` wird immer die Kurzform ausgegeben.

Weitere Befehle für den Umgang mit Abkürzungen sind:

Befehl	Bedeutung
\glspl{Schlüssel}	Gibt die Pluralform der Kurzform aus.
\Gls{Schlüssel}	Gibt die Kurzform aus; der erste Buchstaben wird als Großbuchstaben ausgegeben.
\Glspl{Schlüssel}	Gibt die Pluralform der Kurzform aus; der erste Buchstaben wird als Großbuchstaben ausgegeben.
\acrfull {Schlüssel}	Gibt die Lang- und Kurzform der zum Schlüssel gehörenden Abkürzung aus in der Form »*Langform (Kurzform)*« aus.
\acrshort {Schlüssel}	Gibt die Kurzform der zum Schlüssel gehörenden Abkürzung aus.
\acrlong {Schlüssel}	Gibt die Langform der zum Schlüssel gehörenden Abkürzung aus.

Tabelle 4.29: Befehle für Abkürzungen

Die Formatierung der Ausgabe erfolgt mit dem Befehl `\setglossarystyle{Stil}` .

Für den Ausgabestil ist u. a. definiert:

list   Kurzform Langform Seitenzahlen.

listgroup *list* gruppiert nach Anfangsbuchstaben.

Die Ausgabe des Abkürzungsverzeichnisses erfolgt mit dem Befehl `\printglossary` `[type=acronym, title=Abkürzungsverzeichnis,toctitle=Abkürzungsverzeichnis]`. Grundsätzlich werden nur die Abkürzungen aufgenommen, die mit `\gls{...}` im Dokument angezeigt wurden. Sollen jedoch alle definierten Abkürzungen ausgegeben werden, ist dies mit dem Befehl `\glsaddall` anzuzeigen.

Wichtig: Nach dem ersten Durchlauf von LaTeX ist das Programm *makeglossaries* aufzurufen, welches die Einträge des Abkürzungsverzeichnisses sammelt und das Abkürzungsverzeichnis erstellt. Dieses ist in einem weiteren LaTeX-Durchlauf einzubinden. Im dritten LaTeX-Durchlauf wird das Inhaltsverzeichnis erstellt.

Bei TeXstudio wird mit »Tools | Glossary« bzw. der Taste *F9* das Programm *makeglossaries* aufgerufen.

Inhalt und Aufbau der Beispieldatei:

```
1  \usepackage[toc, acronym]{glossaries}
2  \makeglossaries
3  ...
4  \newacronym{tug}{TUG}{\TeX\ User group}
5  \newacronym{ctan}{CTAN}{Comprehensive \TeX-Archive network}
6  ...
7  Erster Aufruf von \gls{tug} ...  und dann zweiter Aufruf \gls{tug
   }.\par
8  ...
9  \printglossary[type=acronym, title=Abkürzungsverzeichnis,
   toctitle=Abkürzungsverzeichnis]
10 \cleardoublepage
11 ...
```

Listing 4.22: Beispiel Abkürzungsverzeichnis mit dem Paket *glossaries*

Das Listing ergibt nachfolgende Ausgabe.

... Erster Aufruf von TEX User group (TUG) ... und dann
zweiter Aufruf TUG.

Abkürzungsverzeichnis

CTAN Comprehensive TEX-Archive Network. 3

TUG TEX User group. 3

.

Abbildung 4.27: Beispiel für ein Abkürzungsverzeichnis mit dem Paket *glossaries*

Erläuterungen

Zeile 1 \usepackage[toc, acronym]{glossaries}
Einbinden des Paketes *glossaries* mit der Option Abkürzungsverzeichnis.

Zeile 2 \makeglossaries
Erstellen eines Abkürzungsverzeichnisses.

Zeile 4-6 \newacronym
Erstellen von Einträgen im Abkürzungsverzeichnis.

Zeile 8, 9 \gls{...}
Anzeige der Abkürzungen. Beim ersten Aufruf mit der Langform, anschließend
mit der Kurzform.

Zeile 10 \printglossary[type=acrony, ...]
Ausgabe des Abkürzungsverzeichnisses mit dem Titel *title* sowie dem Eintrag
im Inhaltsverzeichnis mit *toctitle*.

Zeile 11 \cleardoublepage
Der nächste Abschnitt beginnt auf einer rechten Seite.

Soll die Seitennummer der erstmaligen Ausgabe der Abkürzung unterdrückt werden, ist zusätzlich die Option *nonumberlist* beim Aufruf des Paketes *glossaries* anzugeben: \usepackage[acrony,toc,nonumberlist]{glossaries}.

4.17.8 Stichwortverzeichnis

Für die Erstellung eines Stichwortverzeichnisses ist in der Präambel das Paket *imakeidx* einzubinden, das Verzeichnis mit dem Befehl \makeindex[name=..., title=...] anzulegen sowie das Layout des Verzeichnisses mit \indexsetup {toclevel=...} zu definieren. Da dies in der Präambel geschieht, sind diese Definitionen in der Verantwortung des Verlages. Wichtig für den Autor ist der Inhalt – das Hinzufügen von Einträgen.

```
1 \usepackage{imakeidx}
2 \makeindex[name=Stichwortverzeichnis,title=Stichwortverzeichnis,
  columns=2]
3 \indexsetup{toclevel=chapter,noclearpage}
```

Listing 4.23: Präambel-Definition für das Stichwortverzeichnis

Erläuterungen

Zeile 2 \usepackage{imakeidx}
Bindet das Paket *imakeidx* ein.

Zeile 3 \makeindex[name=Stichwortverzeichnis,title=Stichwortverzeichnis...
Erstellt den Index mit dem Namen *Stichwortverzeichnis*, dem Titel *Stichwortverzeichnis* in zweispaltigem Layout.

Zeile 4 \indexsetup{level=\chapter*, toclevel=chapter}
Der Eintrag des Stichwortverzeichnisses im Inhaltsverzeichnis erfolgt auf der Kapitel-Ebene .

Hinzufügen von Einträgen

Mit dem Befehl \index[Indexname]}{Eintrag} werden jeweils die Einträge für das Personenverzeichnis erstellt. *Indexname* ist der Name des Index – hier Stichwortverzeichnis, *Eintrag* der anzuzeigende Text.

Ausgabe des Stichwortverzeichnisses

Das Verzeichnis wird mit dem Befehl \printindex[Stichwortverzeichnis] ausgegeben.

4.17.9 Personenverzeichnis

Für die Erstellung eines Stichwortverzeichnisses ist in der Präambel das Paket *imakeidx* einzubinden, das Verzeichnis mit dem Befehl \makeindex[name=..., title=...] anzulegen sowie das Layout des Verzeichnisses mit \indexsetup {toclevel=...} zu definieren. Da dies in der Präambel geschieht, sind diese Definitionen in der Verantwortung des Verlages. Wichtig für den Autor ist der Inhalt – das Hinzufügen von Einträgen.

```
1 \usepackage{imakeidx}
2 \makeindex[name=Personenverzeichnis,title=Personenverzeichnis,
  columns=2]
3 \indexsetup{level=\chapter*, toclevel=chapter}
```

Listing 4.24: Präambel-Definition für das Personenverzeichnis

Erläuterungen

Zeile 2 \usepackage{imakeidx}
Bindet das Paket *imakeidx* ein.

Zeile 3 \makeindex[name=Personenverzeichnis,title=Personenverzeichnis...
Erstellt den Index mit dem Namen *Personenverzeichnis*, dem Titel *Personenverzeichnis* in einspaltigem Layout.

Zeile 4 \indexsetup{level=\chapter*, toclevel=chapter}
Der Eintrag des Stichwortverzeichnisses im Inhaltsverzeichnis erfolgt auf der Kapitel-Ebene.

Hinzufügen von Einträgen

Mit dem Befehl `\index[Indexname]}{Eintrag}` werden jeweils die Einträge für das Personenverzeichnis erstellt. *Indexname* ist der Name des Index – hier Personenverzeichnis, *Eintrag* der anzuzeigende Text.

Ausgabe des Personenverzeichnisses

Das Personenverzeichnis wird mit dem Befehl `\printindex[Personenverzeichnis]` ausgegeben.

4.18 Verweise

Verweise innerhalb des Dokumentes werden mit dem Befehlstrio `\label{...}`, `\ref{...}` und `\pageref{...}` gestaltet.

Mit dem Befehl `\label{labeltyp:Bezeichnung}` wird ein Strukturelement im Dokument markiert.
labeltyp bezeichnet das Strukturelement – *cha* für chapter (Kapitel), *sec* für section (Abschnitt), *ssec* für subsection (Unterabschnitt), *fig* für figure (Abbildung) sowie *tab* für table (Tabelle).
Bezeichnung ist die Beschreibung für das Label.

Mit dem Befehl `pageref{labeltyp:Bezeichnung}` wird die Seitennummer für das angegebene Label ausgegeben.

Mit dem Befehl `ref{labeltyp:Bezeichnung}` wird die Zählernummer für das angegebene Label ausgegeben; bspw. die Nummer der Abbildung oder die Nummer des Abschnitts.

4.19 Hypertext

LATEX bietet die Option, bei der Erstellung des PDF-Dokumentes Zitate, Verweise, Einträge in Verzeichnissen etc. als Hypertext-Elemente zu gestalten und damit Hyperlinks – wie sie aus dem Internet bekannt sind – umzusetzen. Hierzu ist in der Präambel als letztes Paket mit `\usepackage{hyperref}` das Paket *hyperref* einzubinden. Die Hyperlinks werden mit einem Rahmen sichtbar gemacht, der jedoch nur angezeigt und nicht ausgedruckt wird.

```
1  \usepackage{hyperref}
2  \hypersetup{pdftitle={Im Fokus ist das Word - nicht WORD},
3              pdfsubject={Eine LaTEX-Dokumentvorlage},
4              pdfauthor={Thomas Zimmermann},
5              pdfcreator={pdfLaTeX},
6              pdfproducer={LaTEX mit hyperref}
7              pdfborder=0,
8              bookmarks=true,
9              bookmarksopen=true,
10             pdfpagemode=FullScreen}
```

Listing 4.25: Beispiel für eine Konfiguration von *hyperref*

Die Optionen für die Ausgestaltung der Hyperlinks werden mit dem Befehl `\hypersetup{Parameterliste}` gesetzt.

Parameter	Bedeutung
pdftitle	Titel des PDF-Dokumentes.
pdfsubject	Untertitel des PDF-Dokumentes.
pdfauthor	Autor des PDF-Dokumentes.
pdfkeywords	Zusätzliche Stichwörter.
pdfcreator	Name des Tools.
pdfproducer	Name des Erzeugers.
pdfborder	Dicke der Rahmen um die Hyperlinks.

Parameter	Bedeutung
bookmarks	Erstellt Bookmarks.
bookmarksopen	Zeigt die Bookmarks an.
pdfpagemode	Anzeige des PDF-Dokumentes bspw. *FullScreen*.

Tabelle 4.30: Ausgewählte Parameter für das Paket *hyperref*

Die Erzeugung von Hypertext-Verknüpfungen erfolgen mit den bereits bekannten Befehlen \url{...}, \label{...} und \ref{...}.
Darüber hinaus steht mit dem Paket *hyperref* der Befehl \href{URL}{Text} zur Verfügung. *URL* ist eine gültige Internetadresse und Text, der Text, der im Dokument angezeigt wird.

4.20 Kopf- und Fußzeilen

Zum Setzen von Kopf- und Fußzeilen empfehle ich ebenfalls die Nutzung des KOMA-Script-Paketes *scrlayer-scrpage* mit \usepackage{scrlayer-scrpage}.
Mit dem Paket stehen drei Seitenstile zur Verfügung, die mit dem Befehl \pagestyle{Stil} ausgewählt und auch geändert werden können.

Seitenstil	Bedeutung
empty	Kopf- und Fußzeilen bleiben leer.
scrheadings	Die Kopfzeilen enthalten lebende Kolumnentitel; das heißt Chapter-Titel auf der linken bzw. Section-Titel auf der rechten Seite - jeweils außen gesetzt. Die Fußzeilen enthalten jeweils außen die Seitennummer.
plain.scrheadings	Die Kopfzeile bleibt leer, die Fußzeile enthält jeweils außen die Seitennummer.

Tabelle 4.31: Seitenstile

Darüber hinaus stellt das Paket zahlreiche Befehle zur Anpassung der Schrifteinstellungen für Kopf- und Fußzeile sowie Seitennummerierung. Diese können mit der Befehlsfolge `\setkomafont{Element}{Einstellung}` angepasst werden. Dabei sind *Einstellung* die bereits bekannten Befehle für die Schriftarten wie zum Beispiel `\small`, `\bfseriers` etc.

Element	Bedeutung
pageheadfoot	Kopf- und Fußzeile.
pagehead	Kopfzeile.
pagefoot	Fußzeile.
pagenumber	Seitennummer.

Tabelle 4.32: Schrifteinstellungen für Kopf- und Fußzeilen

4.20.1 Inhalte positionieren

Das Paket *scrlayer-scrpage* stellt 12 Platzhalter zur Verfügung, die jeweils einzeln mit Inhalten gefüllt werden können.

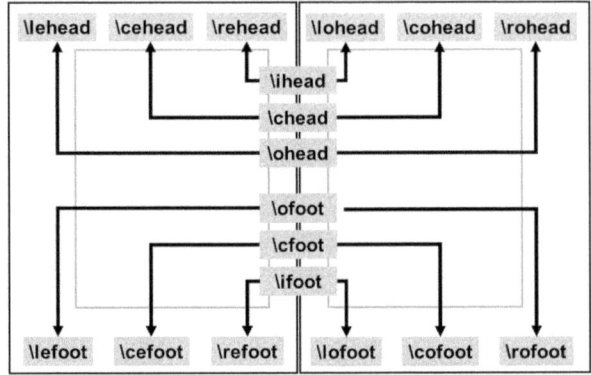

Abbildung 4.28: Platzhalter für Kopf- und Fußzeileninhalte

Die Inhalte sind als Parameter zu übergeben: `\Patzhalter[Seitenstil plain.`
`scrheadings]{Seitenstil scrheadings}`. Dabei ist darauf zu achten, dass mit dem
Befehl `\clearpairofpagestyles` die Platzhalter zuerst geleert und anschließend sowohl die Einstellungen für den Seitenstil *scrheadings* als auch *plain.scrheadings*
definiert werden.

Zur Vereinfachung – insbesondere bei doppelseitigem Seitensatz – werden diese
jeweils paarweise zusammengefasst.

Automatische Seitenzahlen

Die aktuelle Seitenzahl wird mit dem Befehl `\pagemark` eingefügt. Beispielsweise
setzt der Befehl `\cfoot[\pagemark]{\pagemark}` die Seitennummer mittig in der
Fußzeile für beide Seitenstile.

Kolumnentitel

Das automatische Setzen des Kolumnentitels erfordert zwei Schritte: zuerst ist
festzulegen, welcher Platzhalter den Kolumnentitel enthalten soll. Anschließend
ist die Gliederungsebene für den Kolumnentitel mit dem Befehl `\automark[Rechts`
`]{Links}`zu definieren.

Beispielsweise setzt zunächst `\ohead{\headmark}` den Kolumnentitel in der Kopfzeile außen. Mit `\automark[section]{chapter}` wird anschließend festgelegt, dass
bei doppelseitigem Seitensatz die Kopfzeile der rechten Seite den Titel der
section-Ebene bzw. die Kopfzeile der linken Seite den Titel der chapter-Ebene
enthält.

4.20.2 Linien

Natürlich ist es ebenfalls möglich, Kopf- und Fußzeilen mit Linien vom Text
abzusetzen sowie die Linien in ihrer Dicke zu definieren. Hierzu sind beim

Aufruf des Paketes *scrlayer-scrpage* die entsprechenden Parameter zu setzen:
`\usepackage[Linie=Dicke:Länge]{scrlayer-scrpage}`.

Die Standarddicke beträgt 0.4 pt. Abweichend hiervon kann mit dem Parameter *Dicke* jeder beliebige Wert festgelegt werden.

Die Standardlänge beträgt die Breite des Kopfes bzw. Fußes. Abweichend hiervon kann mit dem Parameter *Länge* jeder beliebige Wert festgelegt werden.

Linie	Bedeutung
headtopline	Linie über der Kopfzeile.
headsepline	Linie unter der Kopfzeile.
footsepline	Linie über der Fußzeile.
footbotline	Linie unter der Fußzeile.

Tabelle 4.33: Linien für Kopf- und Fußzeilen

5 ... zum Schluss

Oft wenn wir glauben, wir wären am Ende von etwas ange-
kommen, stehen wir bereits am Anfang von etwas anderem.

(Fred Rogers)

Kommentarzeilen brauchen Sie als Autor im Grunde nicht. Bedenken
Sie jedoch: Leere Kommentarzeilen simulieren Leerzeilen. Sie helfen damit, den
Text übersichtlicher zu gestalten.

Speichern Sie Ihre Daten. Nichts ist schlimmer als eine Idee niederzu-
schreiben und diese im Datennirwana zu verlieren. Autospeichern ist dabei ein
Anfang. Nutzen Sie die Möglichkeiten von Dropbox, Onedrive, Google-Drive,
Owncloud oder anderen Diensten. Der Datenumfang Ihrer Buchprojekte stößt
dort nicht an Grenzen. Darüber hinaus bieten diese Online-Speicher auch die
Möglichkeit mit anderen zusammenzuarbeiten!

Zeichenkodierung ist gerade unter Windows nicht einfach, aber unerlässlich. Stellen Sie sicher, dass alle TeX-Dateien einheitlich im Format
UTF-8 vorliegen. Dies erspart Überraschungen bei den Deutschen Sonderzeichen.

Typographie ist eine Kunst – und auch Technik. Nutzen Sie die
Sonderzeichen und Möglichkeiten von LaTeX. Es ist noch kein Meister vom
Himmel gefallen. Auch Word kostet Zeit für die Einarbeitung und wird am Ende
mit dem erzeugten PDF-Dokument doch nicht überzeugen.

Testen Sie immer wieder in kleinen Schritten. Ja – es ist lästig, aber ein regelmäßiger Blick auf die Ausgabe lohnt sich. Zudem bleibt die Anzahl der Fehler überschaubar.

Eine hervorragende Checkliste für LaTeX-Projekte hat Tobias Weh auf seiner Webseite unter der url `https://tobiw.de/get/tex_checkliste.pdf` zum Download bereitgestellt.
Ich habe diese im Anhang aufgeführt.

Tippfehler sind wie immer nicht zu vermeiden, haben aber Auswirkungen – insbesondere bei LaTeX-Befehlen. Die Klassiker sind unvollständige Klammerpaare oder nicht-maskierte Befehlszeichen wie & oder #. Daher immer wieder in kleinen Schritten Testen!

Herumfummeln ist keine Option. Wenn das Layout nicht passt, übertragen Sie nicht die Fehler von Word und anderen Textverarbeitungssystemen. Erzwungene Leerzeilen und Leerzeichen sind keine Lösung. Nutzen Sie die Präambel und die Möglichkeit, Abstände global zu definieren. Beispielsweise legt `\setlength{\parskip}{...}` den Absatzabstand fest, und `\setlength{\parindent}{...}` definiert den Einzug der ersten Zeile.
Oder passen Sie ihren Text an: Formulieren Sie um bzw. überprüfen Sie die Silbentrennung! Auch auf diese Art und Weise kommen Sie zu einem durchgängigen und guten Schriftsatz.

Ein Übersicht der gängigen LaTeX-Fehler haben Marc Ensenbach und Mark Trettin auf `http://ftp.fau.de/ctan/info/l2tabu/german/l2tabu.pdf` im LaTeX 2_ε-Sündenregister zusammengestellt.

Silbentrennung ist auch für den besten Schriftsetzer eine Herausforderung – aber unabdingbar für ein harmonisches Layout.
Falls LaTeX Probleme hat, können Sie manuell die Steuerung der Silbentrennung unterstützen.

Befehl	Erklärung
\-	Markiert eine mögliche Trennstelle.
"-	fügt eine zusätzliche Trennstelle ein
"=	fügt einen Bindestrich ein; die weiteren Trennstellen werden auch weiterhin berücksichtigt.
""	erlaubt einen Umbruch ohne Trennstrich.
"~	fügt einen Bindestrich ein, an dem nicht getrennt werden soll.

Tabelle 5.1: Manuelle Silbentrennung

Soll ein Wort nicht getrennt werden, ist es mit dem Befehl `\mbox{...}` zu setzen.

Schritt für Schritt geht es ans Ziel. Fangen Sie mit dem Text an und geben Sie ihm Struktur. Überprüfen Sie dann Rechtschreibung und Grammatik. Erst wenn der Inhalt und das Layout stimmt, ist es Zeit für das Personen- und Stichwortverzeichnis.

Teile und Herrsche ist ein Vorteil von LaTeX für komplexe Projekte. Nutzen Sie `\include{Datei}` zur Aufteilung komplexer Dokumente. In Verbindung mit einem Cloud-Speicher ist sogar ein verteiltes Arbeiten an Sammelbänden möglich. Eine Präambel für Alle und alle Beiträge für ein Projekt – getrennt Schreiben und anschließend vereint Drucken!

Versionierung ist hilfreich, um den Überblick über Ihre Änderungen zu behalten und notfalls ein Schritt zurück gehen zu können. Entweder Sie beherzigen dies beim Speichern durch manuelles Anpassen des Dateinamens oder Sie überlassen dies der Technik. TeXstudio bietet eine Anbindung an SVN. Apache Subversion (SVN) ist eine freie Software zur zentralen Versionsverwaltung von Dateien und Verzeichnissen. Die Versionierung erfolgt in einem zentralen Projektarchiv (engl. repository) in Form einer einfachen

Revisionszählung. Darüber hinaus stehen mit *git* und *GitHub* weitere leistungsfähige Mechanismen im Internet bereit. Ein Blick lohnt sich. Es ist nicht so schwer!

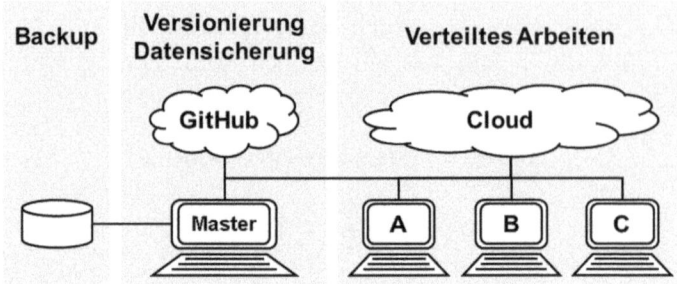

Abbildung 5.1: Teile, Herrsche und Versioniere

Kombiniert sind beide unschlagbar.

Keine Angst! – Lassen Sie sich nicht von der Vielzahl an Optionen verwirren. Keep it simple stupid. Für ein normales Buch reichen einige wenige Befehle aus. Erst mit der Komplexität der Wünsche und des Inhaltes steigt auch die Komplexität des Dokumentes.

Wenn Sie tatsächlich tiefer einsteigen wollen, lesen Sie Markus Kohm und sein Buch zu Koma Script sowie Herbert Voß. Doch verzetteln Sie sich nicht.

Es kommt auf den Inhalt an. Der Rest ist TeXnik!.

Abbildung 5.2: Zeichnung des CTAN-Löwen von Duane Bibby

6 Anhang

6.1 Typographie

Makrotypographie

Seitengröße Mögliche Seitengrößen sind

170 × 220 mm	Bsp. Schriften zur Geschichte der Deutschen Luftwaffe
	Bsp. Jahrbuch Innere Führung
155 × 220 mm	Bsp. Monterey studies
	Bsp. Erinnerungen
120 × 190 mm	Bsp. Standpunkte und Orientierungen

Tabelle 6.1: Formate und Reihen des Carola Hartmann Miles Verlages

Satzspiegel Zur Umsetzung der Hinweise von Books on Demand sollte der Satzspiegel durch LaTeX errechnet werden. Der Wert der Bindekorrektur ist in Abhängigkeit der Bindung – Paperback oder Hardcover – sowie der Seitenzahl abzuschätzen. Allerdings wirkt sich auch die Lesegewohnheit – das Aufbiegen des Buches – auf die Bindekorrektur auf. Als Faustregel sollte die Bindekorrektur maximal die Hälfte der Dicke des Buchblockes betragen. Bei einer Buchblockdicke von 16 mm sollte die Bindekorrektur gemäß Markus Kohm rund 5 mm betragen.

Spaltensatz Das Buch wird einspaltig gesetzt.

Seitennummer Die Seitennummer wird zentriert in der Fußzeile gesetzt.

Vakatseiten Leere Seiten erhalten keine Seitennummer.

Gesamtzahl der Seiten Die Seitenzahl muss durch vier teilbar sein.

Schriftart Die Schriftart ist Garamond mit der Grundschrift 12 Pt für die Seitengrößen 170x220 mm und 155x220 mm sowie 11pt für die Seitengröße 120x190 mm.

Schriftgrößen Die Schriftgröße ist die Grundschriftart – als normalsize. Darüber hinaus werden die Vorgaben von LaTeX für die Gliederungsebenen genutzt.

Schriftauszeichnung Für die Schriftauszeichnung ist das betreffenden Wort kursiv zu setzen.

Absätze Absätze werden durch einen Abstand getrennt; das erste Wort des folgenden Absatzes wird nicht eingerückt.

Abbildungen und Tabellen Abbildungen und Tabellen werden zentriert gesetzt und jeweils mit einer Unterschrift versehen.

Kapitelbeginn Ein Kapitel beginnt immer mit einer rechten Seite, d. h. einer ungeraden Seitennummer.

Buchblock Der Buchblock besteht aus Titelei, Vorwort, Widmung, Inhaltsverzeichnis, Anlagen und Verlagsprogramm.

Titelei Die Titelei besteht aus

> **Schmutztitel** Der Schmutztitel führt den Namen des Autors sowie den Titel bzw. Untertitel des Buches auf. Eine Seitenzahl wird nicht angezeigt.

> **Frontispiz** Entweder leer oder ein passendes Bild zum Buch. Eine Seitenzahl wird nicht angezeigt.

> **Titel** Der Titel führt den Namen des Autors, den Titel bzw. Untertitel

des Buches sowie Angabe zum Verlag und Erscheinungsjahr auf. Eine Seitenzahl wird nicht angezeigt.

Impressum Das Impressum enthält Angaben zum FSC-Logo, den bibliographischen Angaben der Deutschen Nationalbibliothek, Copyright, Herstellung und Druck sowie ISBN. Eine Seitenzahl wird nicht angezeigt.

Grafiken Dank modernster Drucktechnologie gibt es bei Books on Demand kaum Einschränkungen. Dennoch sind für eine optimale Qualität einige Punkte zu beachten:

Papier Soll das Buch Farbseiten enthalten, ist das weiße Papier zu empfehlen. Damit wird die Farbwiedergabe nicht durch das Papier beeinflusst.

Auflösung Für eine optimale Qualität von Abbildungen sollte diese eine Auflösung von mindestens 300 DPI besitzen. Streichzeichnungen in schwarz/weiß ohne Grautöne erfordern eine Auflösung von mindestens 1200 DPI.

Graue Flächen Sollen Flächen grau hinterlegt werden, ist ein Grauwert mit mindestens 10 % Schwarzanteil erforderlich. Grauwertabstufungen sollten für eine deutliche Abgrenzung in mindestens 10 %-Schritten erfolgen.

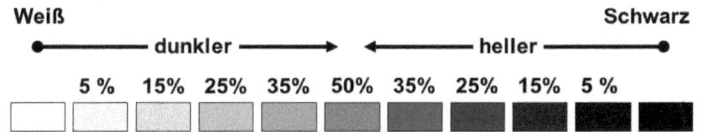

Abbildung 6.1: Graustufen mit Powerpoint

Bilder im Anschnitt Sollen Bilder im Anschnitt platziert werden, ist ein Beschnittrand von 5 mm erforderlich.

Transparenzen Transparenzen sollten vor dem Druck bereits reduziert sein. Sollte die Buchblock- oder Cover-Datei noch Transparenzen beinhalten, werden diese von Books on Demand reduziert. Dies kann sich negative auf das Ergebnis auswirken.

Farbmanagement Digitale Bilder liegen in der Regel im RGB-Farbraum vor. Dies sollten sie so belassen, da der RGB-Farbraum druckmaschinenunabhängig ist. Books on Demand wandelt vor dem Druck die Abbildungen nach den jeweiligen Maschinenvorgaben in den CMYK-Farbraum um.

Sollten die Bilder jedoch bereits im CMYK-Farbraum vorliegen, belassen Sie es dabei.

Farbprofile Sofern die Bilder im RGB-Farbraum ohne Farbprofil vorliegen, geht Books on Demand von sRGB aus.

Sofern die Bilder im CMYK-Farbraum ohne Farbprofil vorliegen, geht Books on Demand von ISOcoated V2 (Fogra39) aus.

Mikrotypographie

Abkürzungen sollten nur genutzt werden, sofern der Platzgewinn beträchtlich ist bzw. der Leser damit vertraut ist. Abkürzungen, die nicht gebräuchlich sind, sind entweder bei der ersten Verwendung einzuführen, d. h. in Langform unmittelbar gefolgt durch die in Klammern gesetzte Kurzform oder in einem Abkürzungsverzeichnis aufzuführen.

Sind Abkürzungen nicht zu vermeiden, gelten folgende Vorgaben:

- Ein Satz beginnt nicht mit einer Abkürzung, sondern mit der jeweiligen Langform.

- Die Beugungsendung wird in der Regel nur bei Pluralbildung wiedergegeben. Gelegentlich erfolgt dies durch eine Buchstabenverdoppelung.

- Abkürzungen, die im vollen Wortlaut gesprochen werden oder Zahlwörter sind, erfordern einen Punkt.

- Abkürzungen, die als eigenständige Wörter gesprochen werden oder Maßeinheiten sind, erfordern keinen Punkt.

- Teile von mehrgliedrigen Abkürzungen werden durch einen kleinen Zwischenraum getrennt.

- Bei Maßbezeichnungen sind in Verbindung mit Ziffern die Einheiten gemäß DIN zu verwenden. Ohne Ziffern werden Einheiten ausgeschrieben. Einheiten und Ziffern sind nicht durch einen Zeilenumbruch zu trennen.

- Auf eine Abkürzung mit Punkt am Satzende folgt kein weiterer Punkt.

Anführungszeichen sind zu nutzen bei direkter Rede, Zitaten, zitierten Titeln von Büchern, Namen von Zeitungen, etc., Metaphern, einzelnen

Textabschnitte, die hervorgehoben werden sollen. Die korrekten Anführungszeichen finden Sie in Tabelle 6.19 auf Seite 178.

Zitate dürfen weder im Wortlaut noch in der Rechtschreibung und Grammatik vom Original abweichen. Eigene Ergänzungen oder Korrekturen sind durch eckige Klammern, Auslassungen durch Ellipse, ggf. in eckigen Klammern, zu kennzeichnen. Es gilt die DIN ISO 690:2013-10 »Information und Dokumentation -- Richtlinien für Titelangaben und Zitierung von Informationsressourcen«, die DIN 1505-2 ersetzt. Eine Kurzzusammenfassung findet sich unter 6.1 Zitierregeln Seite 157 gemäß `https://www.uni-saar land.de/fileadmin/user_upload/Professoren/fr41_ProfSolteGress er/Dokumente/Zitieren_nach_DIN_ISO_690.pdf`

Satzzeichen erfordern anschließend ein Leerzeichen. Vor einem Satzzeichen wird kein Leerzeichen gesetzt.

Apostroph gibt es nur in einer korrekten Form – als halbes Anführungszeichen oben, das wie eine kleine 9 aussieht. Auch bei serifenlosen Schriften, wo die 9 nicht klar zu erkennen ist, sieht man doch meist eine Verdickung im oberen Bereich. Der LaTeX-Befehl lautet `\grq`.

Auslassungszeichen werden bei Auslassung von Wörtern durch einen Wortzwischenraum umgeben. Bei Auslassung von Wortteilen werden die Auslassungspunkte – Ellipse – direkt an den Rest des Wortes angeschlossen. Die Ellipse ist ein eigenständiges Zeichen und nicht einfach drei Punkte die hintereinander getippt werden. LaTeX kennt hierfür den Befel `\dots`.

Sonderzeichen sollten grundsätzlich mit den entsprechenden LaTeX-Befehlen gesetzt werden. Siehe hierzu die Befehle ab Seite 178 bzw. die Übersicht »The Great, Big List of LaTeX Symbols« unter `https://www.rpi.edu/ dept/arc/training/latex/LaTeX_symbols.pdf`

Zahlen und Ziffern sollten nicht am Satzanfang stehen. Hier ist umzuformen oder die ausgeschriebene Form zu verwenden. Weitere Vorgaben sind

- Zahlen kleiner 10 werden ausgeschrieben. Ausnahmen sind

– die Verbindung mit Maßeinheiten.

– die Nutzung in Verbindung mit Zahlen größer 10.

- Ganze Zahlen aus mehr als drei Ziffern werden vom Ende her in Dreiergruppen zerlegt und mit einem kleinen Zwischenraum getrennt.

- Dezimalstellen werden vom Komma beginnend in Dreiergruppen zerlegt und durch einen kleinen Leerraum getrennt.

- Bei Zahlen kleiner Eins wird eine führende Null angefügt.

- Einheiten werden mit mit dem Befehl \, mit einem kleinen Zwischenraum von der Zahl getrennt. Ausnahme ist das Gradzeichen °mit dem Befehl \textdegree.

Nummern sind zu unterscheiden nach Telefon-, Fax- und Postfachnummern, Postleitzahlen und sonstigen Nummern.

- Telefon-, Fax- und Postfachnummern werden von der letzten Ziffer ausgehend in Zweiergruppen getrennt. Die Ortsnetzkennzahl wird für sich gegliedert und in runden Klammern gesetzt.

- Postleitzahlen werden nicht gegliedert.

- Sonstige Nummern können beliebig gruppiert werden.

Striche bezeichnen zwei Arten: Bindestrich/Trennstrich, auch Divis genannt und Bis-Strich bzw. Gedankenstrich.

- Der Binde-/Trennstrich wird für Wortbindungen bzw. Worttrennungen verwendet.

- Der Bis-Strich wird er genutzt als Zeichen für »gegen« sowie »von ...bis«. Für diesen Fall wird er ohne Zwischenraum gesetzt. Typographisch korrekt wird er als Halbgeviertstrich gesetzt. Der LaTeX-Befehl lautet --.

- Der Gedankenstrich wird für Einschübe verwendet. Der Gedankenstrich steht immer zwischen Zwei Wortzwischenräumen. Typographisch korrekt wird er als Halbgeviertstrich gesetzt. Der LaTeX-Befehl lautet --.

Klammern werden für erklärende Zusätze verwendet. Vor und nach der schließenden Klammer wird ein Leerzeichen gesetzt. Ausnahmen hiervon sind Klammern vor Satzzeichen. Zwischen den Klammern und dem eingeschlossenen Text steht kein Leerzeichen.

Aufzählungen enden immer mit dem Satzzeichen Punkt.

Multiplikationszeichen sind nicht der Kleinbuchstabe x. LaTeX kennt dafür den Befehl `\texttimes`. Zudem sollte das Multiplikationszeichen auch etwas spationiert werden damit es nicht zu sehr an den Zahlen klebt. Hierfür kennt LaTeX den Befehl `\,`.

Versal-ß Das lange S (oder das scharfe S) ist ein Kleinbuchstabe. Wenn Wörter also versal gesetzt werden, muss es durch Doppel-S ersetzt werden.

Internet-Adressen sind mit dem Befehl `\url{Adresse}` zu setzn. Damit wird eine korrekte Trennung sichergestellt.

Literaturverzeichnis Die Angaben zum Namen und Vornamen werden Fett gesetzt, der Name zudem in Kapitälchen; der Titel kursiv. Der Aufbau des Literaturverzeichnisses richtet sich nach der DIN ISO 690:2013-10 »Information und Dokumentation -- Richtlinien für Titelangaben und Zitierung von Informationsressourcen«, die DIN 1505-2 ersetzt. Eine Kurzzusammenfassung findet sich im folgenden Abschnitt Zitierregeln gemäß DIN ISO 690 ab Seite 157 gemäß `https://www.uni-saarland.de/fileadmin/user_upload/Professoren/fr41_ProfSolteGresser/Dokumente/Zitieren_nach_DIN_ISO_690.pdf`.

Zitierregeln gemäß DIN ISO 690

1. **Ein Verfasser eines Buches**
   NACHNAME, Vorname, Erscheinungsjahr. Titel: Zusatz zum Titel. Auflage. Verlagsort: Verlag. ISBN

   Beispiel:
   SCHOLZ, Christian, 2014. Personalmanagement: informationsorientierte und verhaltenstheoretische Grundlagen. 6., neubearbeitete und erweiterte Auflage. München: Verlag Franz Vahlen. ISBN 978-3-8006-3680-8

2. **Zwei Verfasser eines Buches**
   NACHNAME, Vorname(1. Autor)und Vorname NACHNAME (2. Autor), Erscheinungsjahr. Titel: Zusatz zum Titel. Auflage. Verlagsort: Verlag. ISBN

   Beispiel:
   MÜLLER, Germar und Bernd PONICK, 2014. Grundlagen elektrischer Maschinen. 10., wesentlich überarbeitete und erweiterte Auflage. Weinheim (Rhein-Neckar-Kreis): Wiley-VCH. ISBN 978-3-527-41205-1

3. **Drei Verfasser eines Buches**
   NACHNAME, Vorname (1. Autor),Vorname NACHNAME (2. Autor)und Vorname NACHNAME (3. Autor),Erscheinungsjahr. Titel: Zusatz zum Titel. Auflage. Verlagsort: Verlag. ISBN

   Beispiel:
   KRUGMAN, Paul R., Maurice OBSTFELD und Marc J. MELITZ, 2015. International economics: theory and policy. 10. edition, global edition. Boston (Massachusetts): Pearson. ISBN 978-1-292-01955-7

4. **Vier und mehr Verfasser eines Buches**
   Hinweis: Wenn möglich sollen alle Verfasser eines Buches angeben werden. Wenn Autoren weggelassen werden, dann in folgender Form:NACHNAME, Vorname (1. Autor)und andere, Erscheinungsjahr. Titel: Zusatz zum Titel. Auflage. Verlagsort: Verlag. ISBN

Beispiel:
BELYTSCHKO, Ted und andere, 2014. Nonlinear finite elements for continua and structures. 2. edition. Chichester (West Sussex): Wiley. ISBN 978-1-118-63270-3

5. **Herausgeber eines Buches**
NACHNAME, Vorname, Hrsg., Erscheinungsjahr. Titel: Zusatz zum Titel. Auflage. Verlagsort: Verlag. ISBN

Beispiel:
GOMERINGER, Roland, Hrsg., 2014. Tabellenbuch Metall. 46., neu bearbeitete und erweiterte Auflage. Haan-Gruiten: Verlag Europa Lehrmittel. ISBN 978-3-8085-1726-0

6. **Band eines mehrbändigen Werkes oder einer Reihe**
NACHNAME, Vorname, Erscheinungsjahr. Titel: Zusatz zum Titel. Auflage. Verlagsort: Verlag.Titel übergeordnetes Werk. Band. ISBN

Beispiel:
LINDNER, Helmut, 2014. Wechselstrom. 25., aktualisierte Auflage. Leipzig: Fachbuchverlag. Elektro-Aufgaben. 2. ISBN 978-3-446-43810-1

7. **E-Book**
NACHNAME, Vorname, Erscheinungsjahr. Titel [online]. Zusatz zum Titel. Auflage.Verlagsort: Verlag [Zugriff am: tt.mm.jjjj]. PDF e-Book. ISBN. Verfügbar unter: DOI oder URL

Beispiel:
STEFFEN, Bernhard, Oliver RÜTHING und Malte ISBERNER, 2014. Grundlagen der höheren Informatik [online]. Induktives Vorgehen. Berlin: Springer Vieweg [Zugriff am: 05.02.2015]. PDF e-Book. ISBN 978-3-642-40146-6. Verfügbar unter: DOI: 10.1007/978-3-642-40146-6

8. **Kapitel oder Artikel in einem Werk mit Herausgeber**
NACHNAME, Vorname (Autor des Kapitels/Artikels), Erscheinungsjahr. Titel des Kapitels/Artikels: Zusatz zum Titel. In: Vorname NACHNAME (Name des Herausgebers), Hrsg. Titel des Werkes: Zusatz zum Titel.

Auflage. Verlagsort: Verlag, Seiten (Seitenangabe des Kapitels/Artikels). ISBN

Beispiel:
IMGRUND, Markus, 2014. Strategisches Krisenmanagement. In: Peter HEIMERL, Hrsg. Controlling, Finanzierung, Produktion, Marketing. Wien: facultas.wuv, S. 143-178. ISBN 978-3-8252-4323-4

9. **Konferenzbeitrag**
NACHNAME, Vorname (Autor des Beitrags), Erscheinungsjahr. Titel des Beitrags: Zusatz zum Titel. In: Name der Konferenz. Ort, Datum der Konferenz. Verlagsort: Verlag, Seiten (Seitenangabe des Beitrags). ISBN

Beispiel:
HARTMANN, L., 2014. Möglichkeiten im Leichtbau: produktiv und wirtschaftlich. In: Gießen und Fahrwerks- und Karosseriekomponenten. München, 11. und 12. Februar 2014. Düsseldorf: VDI Verlag, S. 89-101. ISBN 978-3-18-092217-1

10. **Artikel in einer Zeitschrift (Print-Version)**
NACHNAME, Vorname (Autor des Artikels), Erscheinungsjahr. Titel des Artikels: Zusatz zum Titel. In: Titel der Zeitschrift. Jahrgang(Heftnummer), Seiten (Seitenangabe des Artikels). ISSN

Beispiel:
EISEL, Markus, 2012. Machine-Talk: Potenzialträger M2M. In: Wirtschaftsinformatik und Management. 4(1), S. 30-35. ISSN 1867-5905(Hinweis: Heft 1 aus dem 4. Jahrgang der Zeitschrift im Jahr 2012)

11. **Artikel in einer Zeitschrift (Online via Datenbank)**
NACHNAME, Vorname (Autor des Artikels), Erscheinungsjahr. Titel des Artikels: Zusatz zum Titel. In: Titel der Zeitschrift [online]. Jahrgang(Heftnummer), Seiten (Seitenangaben des Artikels)[Zugriff am: tt.mm.jjjj]. Name der Datenbank. ISSN. Verfügbar unter: DOI oder URL

Beispiel:
ZAHIDI, S.Z.H. und andere, 2013. Optimizing Complex Cluster Forma-

tion in MANETs Using SAT/ILP Techniques. In: IEEE Sensors Journal [online].13(6), S. 2400-2412 [Zugriff am: 11.04.2014]. IEEE Xplore Digital Library. ISSN 1530-437X. Verfügbar unter: DOI: 10.1109/J-SEN.2013.2254234

12. **Artikel in einer Zeitschrift (Online via Website)**
NACHNAME, Vorname (Autor des Artikels), Erscheinungsjahr. Titel des Artikels: Zusatz zum Titel. In: Titel der Zeitschrift [online]. tt.mm.jjjj (Veröffentlichungsdatum des Artikels) [Zugriff am: tt.mm.jjjj]. Verfügbar unter: DOI oder URL

Beispiel:
SCHAFFRY, Andreas, 2013. Wohin gehören Big-Data-Produkte? In: CIO[online]. 10.10.2013 [Zugriff am: 11.10.2013]. Verfügbar unter: `http://www.cio.de/knowledgecenter/bi/2932511/index.html\#`

13. **Artikel in einer Zeitung**
NACHNAME, Vorname (Autor des Artikels), Erscheinungsjahr. Titel des Artikels: Zusatz zum Titel. Titel der Zeitung. tt.mm.jjjj (Erscheinungsdatum), Nummer, Seiten (Seitenangaben des Artikels)

Beispiel:
MATZKE, Achim, 2014. Europäische Standardwerke auf der Verkaufsliste. Frankfurter Allgemeine Zeitung. 10.10.2014, Nr. 235/41 D3, S. 29

14. **Bachelorarbeit und andere Hochschulschriften**
NACHNAME, Vorname, Erscheinungsjahr. Titel [Art der Hochschulschrift (Bachelorarbeit, Masterarbeit, Dissertation)]. Zusatz zum Titel. Ort der Hochschule: Hochschule

Beispiel:
DITTMANN, Viviane, 2014. Die Geldpolitik und Krisenbekämpfung der EZB vor dem Hintergrund der Verfassungsbeschwerde [Bachelorarbeit]. Ingolstadt: Technische Hochschule

15. **Hochschulschrift, die durch einen Verlag publiziert wurde**
NACHNAME, Vorname, Erscheinungsjahr. Titel. [Art der Hochschul-

schrift (Bachelorarbeit, Masterarbeit, Dissertation)]. Zusatz zum Titel. Hochschule. Verlagsort: Verlag. ISBN

Beispiel:
MAASER, Frank, 2014. Organisationsformen der Instandhaltung: theoretische Grundlagen, Organisationsprinzipien und Gestaltungsansätze [Dissertation]. Universität Rostock. Aachen: Shaker Verlag. ISBN 978-3-8440-2451-7

16. **Patent (Anmelder und Erfinder identisch)**
NAME DES ANMELDERS, Veröffentlichungsjahr. Titel des Patents. Anmeldung: Anmeldedatum(kann angegeben werden). Ländername oder -code, offizielle Patentnummer. Veröffentlichungsdatum

Beispiel:
HONDA MOTOR LTD., 2007. Sitzkonstruktion für ein Motorrad. Anmeldung: 19.05.2004. DE, Patentschrift DE602004003996T2. 10.05.2007

17. **Patent (Anmelder und Erfinder nicht identisch)**
NAME DES ANMELDERS, Veröffentlichungsjahr. Titel des Patents. Erfinder: Vorname NACHNAME. Veröffentlichungsdatum. Anmeldung: Anmeldedatum(kann angegeben werden). Ländername oder –code, offizielle Patentnummer

Beispiel:
HONDA MOTOR LTD., 2007. Sitzkonstruktion für ein Motorrad. Erfinder: Yutaka MURATA und Masao OGAWA. 10.05.2007. Anmeldung: 19.05.2004. DE, Patentschrift DE602004003996T2

18. **Norm**
NORMUNGSINSITUT, Ausgabejahr. Normnummer: Titel der Norm: Zusatz zum Titel. Verlagsort: Verlag, Ausgabedatum

Beispiel:
DEUTSCHES INSTITUT FÜR NORMUNG E.V., 2014. DIN EN ISO 9001 (2014-08-00): Qualitätsmanagementsysteme - Anforderungen (ISO/-DIS 9001:2014); Deutsche und Englische Fassung prEN ISO 9001:2014.

Berlin: Beuth, 00.08.2014

19. **IT-Standard (online)**
STANDARDISIERUNGSGREMIUM, Ausgabejahr. Standardnummer:
Titel [online]. Version. Ausgabedatum [Zugriff am: tt.mm.jjjj]. Verfügbar
unter: DOI oder URL

Beispiel:
JAVA COMMUNITY PROCESS, 2014. JSR 175: A Metadata Facility for
the JavaTM Programming Language[online]. Final Release. 30.09.2014
[Zugriff am: 28.01.2015]. Verfügbar unter: `http://jcp.org/en/jsr/det`
`ail?id=175`

20. **Website**
HERAUSGEBER (meist im Impressum zu finden), Jahr (Stand der Seite).
Titel [online]. Zusatz zum Titel. Ort: Herausgeber, tt.mm.jjjj(Stand der
Seite)[Zugriff am: tt.mm.jjjj]. Verfügbar unter: DOI oder URL

Beispiel:
MEDIA-SATURN DEUTSCHLAND GMBH, 2012. Philosophie[online].
Märkte und Trends fest im Blick. Ingolstadt: Media-Saturn Deutschland
GmbH [Zugriff am: 01.07.2014]. Verfügbar unter: http://www.media-
saturn.com/de/DE/TheCompany/Philosophy/Seiten/Default.aspx

21. **Website mit Autor**
NACHNAME, Vorname, Jahr (Stand der Seite). Titel [online]. Zusatz
zum Titel. Ort: Herausgeber (meist im Impressum), tt.mm.jjjj(Stand der
Seite)[Zugriff am: tt.mm.jjjj]. Verfügbar unter: DOI oder URL

Beispiel:
FISCHERMANN, Thomas, 2013. Der Jedermann-Code[online]. Hat die
bürgerliche Freiheit im Internet noch eine Chance? Ein Besuch bei den
besten Hackern zeigt: Ja – wenn die Konsumenten ihre Naivität verlieren.
20.09.2013 [Zugriff am: 24.09.2013]. Verfügbar unter: `http://www.zeit`
`.de/2013/39/nsa-internet-hacker-datenschutz`

22. **Broschüre print**
HERAUSGEBER, Erscheinungsjahr. Titel: Zusatz zum Titel. Ort: Herausgeber

Beispiel:
MEDIA-SATURN-HOLDING GMBH, 2012. Around the world. Ingolstadt: Media-Saturn-Holding GmbH

23. **Broschüre online**
HERAUSGEBER, Erscheinungsjahr. Titel [online]. Zusatz zum Titel. Ort: Herausgeber [Zugriff am:tt.mm.jjjj]. Verfügbar unter: DOI oder URL

Beispiel:
MEDIA-SATURN-HOLDING GMBH, 2012. Around the world[online]. Ingolstadt: Media-Saturn-Holding GmbH [Zugriff am: 26.02.2013]. Verfügbar unter: `http://www.media-saturn.com/group/brochure/corp orate/index.html\#/`

24. **Quelle ohne Jahresangabe**
AUTOR/HERAUSGEBER, [kein Datum]. Titel: Zusatz zum Titel. Verlagsort: Verlag/Herausgeber Beispiel: SIEMENS AG, [kein Datum]. Siemens, ein Pionier unserer Zeit. München: Siemens AG

25. **Präsentation**
NACHNAME, Vorname, Jahr. Titel [PowerPoint-Präsentation]. Zusatz zum Titel. Ort: Herausgeber, tt.mm.jjjj (Datum der Präsentation)

Beispiel:
MÜLLER, Dieter, 2012. Informationsmanagement und Prozessmanagement in einem globalen Unternehmen im 21. Jahrhundert [PowerPoint-Präsentation]. München: Siemens AG, 26.05.2012

26. **Interview (selbst durchgeführt)**
NACHNAME, Vorname des Interviewten, Jahr. Interview durch Autor. Ort, tt.mm.jjjj (Datum des Interviews)

Beispiel:
MEYER, Hans, 2014. Interview durch Autor. Ingolstadt, 02.06.2014

27. **Interview (publiziert in TV, Presse, etc.)**
NACHNAME, Vorname des Interviewten, Jahr. Titel: Zusatz zum Titel. Interview durch Vorname NACHNAME des Interviewers. In: Quelle [online]. tt.mm.jjjj (Datum des Interviews) [Zugriff am: tt.mm.jjjj]. Verfügbar unter: DOI oder URL

Beispiel:
GREENWALD, Glenn, 2013. Die USA halten Journalismus für ein Verbrechen. Interview durch Thomas FISCHERMANN. In: Zeit Online[online]. 21.08.2013 [Zugriff am: 24.09.2013]. Verfügbar unter:`http://www.zeit.d e/digital/datenschutz/2013-08/interview-glenn-greenwald/seit e-1`

28. **Interne Dokumente**
AUTOR/HERAUSGEBER, Jahr. Titel: Zusatz zum Titel. Ort: Herausgeber. Internes Dokument

Beispiel (fiktiv):
CONTINENTAL AG, 2014. Geheime Unternehmensstrategie. Hannover: Continental AG. Internes Dokument

29. **Computersoftware**
HERAUSGEBER, Erscheinungsjahr. Titel der Software [Software].Zusatz zum Titel. Ort: Herausgeber, tt.mm.jjjj (Erscheinungsdatum) [Zugriff am: tt.mm.jjjj]. Verfügbar unter: DOI oder URL

Beispiel:
MOZILLA FOUNDATION, 2014. Mozilla Firefox 33.0.1 [Software]. 24.10.2014 [Zugriff am: 28.10.2014]. Verfügbar unter: `http://www.mozilla.org`

30. **E-Mail** NACHNAME, Vorname, Jahr. Titel der Nachricht [E-Mail]. tt.mm.jjjj (Datum der E-Mail), Uhrzeit

Beispiel
(fiktiv):MUSTERMANN, Max, 2014. Re: Heute schlechtes Wetter [E-
Mail]. 28.10.2014, 09:59

31. **Foreneinträge**
NACHNAME, Vorname oder NICKNAME(Verfasser des Foreneintrags),
Jahr. Titel. In: Titel des Nachrichtensystems [online]. tt.mm.jjjj (Veröf-
fentlichungsdatum) [Zugriff am: tt.mm.jjjj]. Verfügbar unter:DOI oder
URL

Beispiel:
LESSGO, 2014. Zitieren wenn keine Seitenzahl vorhanden ist. In: gutefra-
ge.net [online]. 12.09.2014 [Zugriff am: 28.10.2014]. Verfügbar unter: `http:`
`//www.gutefrage.net/frage/zitieren-wenn-keine-seitenzahl-vorh`
`anden-ist`

32. **Online-Video**
HERAUSGEBER, Jahr. Titel. In: Titel des Onlineportals [online]. tt.mm.jjjj
(Veröffentlichungsdatum)[Zugriff am: tt.mm.jjjj]. Verfügbar unter: DOI
oder URL

Beispiel:
Technische Hochschule Ingolstadt, 2014. Die Vergangenheit: Film zum
20-jährigen Bestehen der TH Ingolstadt. In: YouTube[online]. 15.10.2014
[Zugriff am: 28.10.2014]. Verfügbar unter: `https://www.youtube.com/`
`watch?v=-mBN06730zM`

33. **Gesetze und Urteile**
Die Richtlinien der DIN ISO 690 finden auf Gesetzestexte keine Anwendung. Die folgenden Zitierbeispiele richten sich nach:

- BALZERT, Helmut, Marion SCHRÖDER und Christian SCHÄ-
  FER, 2011. Wissenschaftliches Arbeiten: Ethik, Inhalt & Form wiss.
  Arbeiten, Handwerkszeug, Quellen, Projektmanagement, Präsentati-
  on. 2. um 50 Prozent erweiterte und aktualisierte Auflage. Herdecke
  (Ennepe-Ruhr-Kreis): W3L-Verlag, S. 205-207. ISBN 978-3-86834-
  034-1

- BUNDESMINISTERIUM DER JUSTIZ, 2008. Teil B 3 Zitierweise von Rechtsvorschriften. In: Handbuch der Rechtsförmlichkeit [online] 3., neu bearbeitete Auflage. Köln: Bundesanzeiger-Verlag, S. 169-217. [Zugriff am: 05.02.2015] PDF e-Book. ISBN: 978-3-89817-834-1. Verfügbar unter: http://hdr.bmj.de/page_b.3.html\#an_169

Gesetze und Urteile werden nicht im Literaturverzeichnis aufgenommen.

a) **Gesetze**
TITEL DES GESETZES Angabe der Ausfertigung (Fundstelle), (letzte) Bekanntmachung des vollständigen Wortlauts (Fundstelle) Beispiel: URHEBERRECHTSGESETZ vom 9. September 1965 (BGBl. I S. 1273), das zuletzt durch Artikel 1 des Gesetzes vom 1. Oktober 2013 (BGBl. I S. 3728) geändert worden ist

b) **Urteile**
ZUSTÄNDIGES GERICHT. Urteil vom tt.mm.jjjj. (Aktenzeichen), Fundstelle, Randnummer/Seitenzahl Beispiel: OLG DÜSSELDORF. Urteil vom 20.02.2001. (Az. 20 U 194/00), Abs. 5

Zusätzliche Anmerkungen

- Der Kurzverweis erfolgt in der Fußnote. Notwendige Angaben sind Autor/Herausgeber, Erscheinungsjahr und Seitenzahl (kompletter Umfang, z.B. 110 – 113 oder erste benutze Seite und folgende, z.B. 110f., 110ff.) der zitierten Stelle im Format Autor, Jahr, S. Wird ein indirektes (sinngemäßes) Zitat verwendet, setzt man zu Beginn des Kurzverweises Vgl. (Vergleiche), also Vgl.Autor, Jahr, S. Jede Fußnote wird mit einem Punkt beendet.

- Für die Sortierung des Literaturverzeichnisses gelten nachfolgende Regeln:

  - Alphabetisch nach Autor/Herausgeber.

  - Chronologisch absteigend innerhalb des gleichen Autors/Herausgebers.

– Sollten hier Übereinstimmungen sein, wird das Erscheinungsjahr im Kurzverweis und Literaturverzeichnis durch einen Kleinbuchstaben ergänzt. Dieser wird entsprechend der Reihenfolge der verwendeten Quellen vergeben.
Beispiel:
Müller, 2013a, S. 110.
Müller, 2013b, S. 55f.

– Eine Trennung nach Medientypen (z.B. Online- und Literaturquellen) erfolgt nicht.

• Grundsätzlich sind alle Verfasser anzugeben. Falls einzelne ausgelassen werden, ist das mit der Anmerkung: „und andere" anzuzeigen.

• Die Angabe der Namen erfolgt nach Vorlage. Abgekürzte Vornamen werden nicht aufgelöst.- Verfasser werden mit NACHNAMEN, Vornamenangegeben. - Bei mehr als 2 Verfassern ändert sich die Reihenfolge in Vorname NACHNAME ab dem 2. Autor (Vgl. Beispiel 2 und 3).

• Der akademische Grad kann angegeben werden.

• Zusätze bei Herausgeberinstitutionen wie AG, GmbH, etc. werden nur im Literaturverzeichnis angegeben, nicht im Kurzverweis(Vgl. Beispiel 21, 22, 23 und 27).

• Die Auflagenangabe erfolgt ab der 2. Auflage. Wird keine oder nur die 1. Auflage in der Quelle vermerkt, entfällt diese Angabe im Literaturverzeichnis.

• Die Angabe der Auflage erfolgt nach Vorlage.

• Wenn in der Vorlage mehrere Orte oder mehrere Verlage angegeben sind, wird jeweils nur der erstgenannte angegeben. Die Anmerkung [u. a.] entfällt. Wird kein Ort angegeben, schreibt man stattdessen o. O. (ohne Ort); bei fehlendem Verlag o. V. (ohne Verlag).

- Das Erscheinungsjahr wird nur dann wiederholt, wenn es sich um ein vollständiges Datum handelt. Es wird kein Punkt hinter dem Erscheinungsjahr gesetzt, wenn kein Identifikator (ISBN etc.) folgt.

- Wird ein Copyright-Jahr angegeben ist das mit © zu kennzeichnen.

- Sind internationale Identifikatoren(ISBN, DOI etc.)in der Vorlage vorhanden, müssen diese angegeben werden.

- Ist ein DOI vorhanden, wird dieser der URL vorgezogen.- Ist die Publikation ein nummerierter oder nicht nummerierter Teil einer Reihe, dürfen Reihentitel und Reihennummer angegeben werden. Beim Zitieren wird wie bei einem mehrbändigen Werk verfahren (Vgl. Beispiel 6).

- Bei Artikeln oder Beiträgen soll dem Titel der Quelle ein „In:" vorangestellt werden. Bei Zeitungen entfällt das „In:" jedoch (Vgl. Beispiel 13).

- Bei Zeitschriften müssen der Jahrgang (wenn ermittelbar) und die Heftnummer angegeben werden (Vgl. Beispiel 10 und 11).

- Gesetze, Urteile oder Gerichtsentscheidungen werden nicht im Literaturverzeichnis aufgenommen, sondern nur in der Fußnote angegeben. Kommentare werden wie Monographien behandelt.

6.2 Wesentliche LaTeX-Befehlsreferenz

Umgebungen

Umgebung	Bedeutung
center	zentrierter Text
description	Stichwortliste mit Erläuterung
document	Dokument
enumerate	nummerierte Aufzählung
figure	Bild
filecontents	Dateien schreiben
floatrow	Bilder nebeneinander setzen
flushleft	linksbündiger Text
flushright	rechtsbündiger Text
itemize	Liste
labeling	Stichwortliste mit Trennzeichen
listing	Quellcode
longtable	Tabelle mit Seitenumbrüchen
minipage	Einzelseite innerhalb einer Seite
multicols	mehrspaltiger Text
quote	längeres Zitat
refsection	Bereich für verteilte Literaturverzeichnisse
sidewaysfigure	um 90°gedrehtes Bild
sidewaystable	um 90°gedrehte Tabelle
tabular	Standardtabelle ohne Seitenumbruch
thebibliography	Literaturdatenbank
verbatim	einfacher Quellcode
Verbatim	erweiterter Quellcode
wrapfig	Bild mit umfließendem Text
wraptable	Tabelle mit umfließendem Text

Tabelle 6.2: Referenz Umgebungen

Textgliederung

Befehl	Bedeutung
\part{Eintrag}	Teil
\chapter{Eintrag}	Kapitel
\section{Eintrag}	Abschnitt
\subsection{Eintrag}	Unterabschnitt
\subsubsection{Eintrag}	Unterunterabschnitt
\paragraph{Eintrag}	Absatz
\subparagraph{Eintrag}	Unterabsatz
\chapter*{Eintrag}	Kapitel; kein Eintrag im Inhaltsverzeichnis
\section*{Eintrag}	Abschnitt; kein Eintrag im Inhaltsverzeichnis
\subsection*{Eintrag}	Unterabschnitt; kein Eintrag im Inhaltsverzeichnis
\subsubsection*{Eintrag}	Unterunterabschnitt; kein Eintrag im Inhaltsverzeichnis
\paragraph*{Eintrag}	Absatz; kein Eintrag im Inhaltsverzeichnis
\subparagraph*{Eintrag}	Unterabsatz; kein Eintrag im Inhaltsverzeichnis
\addchap{Eintrag}	Kapitel; Eintrag im Inhaltsverzeichnis ohne Nummerierung
\addsec{Eintrag}	Abschnitt; Eintrag im Inhaltsverzeichnis ohne Nummerierung

Tabelle 6.3: Referenz Textgliederung

Seitenumbrüche

Befehl	Erklärung
\newpage	Beendet die laufende Seite, ohne sie durch Einfügung von Leerraum auf die gesamte Seitenlänge aufzufüllen.

Befehl	Erklärung
\pagebreak	Empfiehlt, die laufende Seite an der angegebenen Stelle umzubrechen. Die Priorität steigt mit dem angegebenen Zahlenwert an, wobei der höchste Wert 4 den Umbruch unbedingt erzwingt. Wenn man auf den optionalen Parameter verzichtet, wird ebenfalls eine Priorität von 4 angenommen.
\clearpage	Beendet eine Seite und erzwingt auf den nachfolgenden Seiten die Ausgabe aller Gleitobjekte (Abbildungen, Tabellen), die bislang definiert, aber noch nicht ausgegeben wurden.
\cleardoublepage	wie \clearpage. Zusätzlich wird, falls nötig, eine leere Seite eingefügt, so dass die nächste Seite eine ungerade Seitennummer hat.

Tabelle 6.4: Referenz Seitenumbrüche

Zeilenumbrüche

Befehl	Erklärung
\newline	Beendet die laufende Zeile, ohne sie durch Einfügung von Leerraum auf die gesamte Seitenbreite aufzufüllen. Der Befehl ist mit dem Kürzel »\\« identisch.
\linebreak	Empfiehlt, die laufende Zeile an der angegebenen Stelle umzubrechen. Die Priorität steigt mit dem angegebenen Zahlenwert an, wobei der höchste Wert 4 den Umbruch unbedingt erzwingt. Wenn man auf den optionalen Parameter verzichtet, wird ebenfalls eine Priorität von 4 angenommen.

Befehl	Erklärung
\par	Erzwingt an der angegebenen Stelle einen neuen Absatz.

Tabelle 6.5: Referenz Zeilenumbrüche

Absatzauszeichnung

Befehl	Erklärung
\parindent {WERT}	Wert für den Einzug der ersten Zeile eines Absatzes.
	Der Wert von \parindent wird mit dem Befehl `\setlength{\parskip}{WERT}` *WERT* kann in jeder gültigen LaTeX-Einheit angegeben werden. Eine Übersicht der Einheiten finden Sie in 6.5 »Maßangaben und Einheiten« auf Seite 197.
\parskip	Wert für den Abstand zwischen zwei Absätzen.
	Der Wert von \parskip wird mit dem Befehl `\setlength{\parskip}{WERT}` *WERT* wird dabei üblicherweise dynamisch definiert in der Form *WERT* plus *WERT2* minus *WERT3*. Dies ermöglicht LaTeX den Wert individuell anpassen, um die Seite typographisch harmonisch zu setzen. Die Werte können wie immer in jeder gültigen LaTeX-Einheit angegeben.

Tabelle 6.6: Referenz Absatzauszeichnung

Wert	Bedeutung
false	Absätze werden durch einen Einzug der ersten Zeile mit einer Länge 1em gekennzeichnet.

Wert	Bedeutung
half	Absätze werden durch einen vertikalen Abstand von einer halben Zeile gekennzeichnet. Die Gestaltung der letzten Zeile eines Absatzes – das Absatzende – kann mit dem zusätzlichen Symbol -, + oder * gesteuert werden.
full	Absätze werden durch einen vertikalen Abstand von einer Zeile gekennzeichnet. Die Gestaltung der letzten Zeile eines Absatzes – das Absatzende – kann mit dem zusätzlichen Symbol -, + oder * gesteuert werden.
-	Absatzenden werden nicht gekennzeichnet.
+	Absatzenden werden durch einen Leerraum von mindestens einem Drittel einer Zeile gekennzeichnet.
*	Absatzenden werden durch einen Leerraum von mindestens einem Viertel einer Zeile gekennzeichnet.

Tabelle 6.7: Referenz: Absatzauszeichnung mit KOMA-Script

Horizontale Abstände

Befehl	Größe	Erklärung
~		geschütztes Leerzeichen
\,	3/18em	kleiner Abstand
\quad	1em	1em
\qquad	2em	2em
\hspace{...} ...		beliebiger Abstand
\hspace*{...} ...		beliebiger Abstand am Zeilenanfang

Tabelle 6.8: Referenz horizontale Abstände

Vertikale Abstände

Befehl	Größe	Erklärung
\smallskip	3pt	kleiner Abstand
\medskip	6pt	mittlerer Abstand

Befehl	Größe	Erklärung
\bigskip	12pt	großer Abstand
\vspace{...}	...	beliebiger Abstand
\vspace*{...}	...	beliebiger Abstand am Seitenanfang

Tabelle 6.9: Referenz vertikale Abstände

Schriftfamilien

Befehl	Standardschriftfamilien
\rmfamily	Standardserifenschrift
\sffamily	Standardserifenloseschrift
\textsf{ Text }	
\ttfamily	Standardschreibmaschinenschrift
\texttt{ Text }	

Tabelle 6.10: Referenz Standardschriftfamilien

FONT	\fontfamily...\selectfont
ptm	Times Roman
pbk	Bookman
ppl	Palatino
bch	Charter
pnc	New Century Schoolbook
put	Utopia
cmr	Computer Modern Roman
cmss	Computer Modern Sans
cmbr	Computer Modern Bright
cmtt	Computer Modern Typewriter
ptm	Adobe Times Roman
ppt	Adobe Palatino
pcr	Adobe Courier
phv	Adobe Helvetica
pbk	ITC Bookman

FONT	\fontfamily...\selectfont
fve	Bitstream Vera Serif
fvs	Bitstream Vera Sans
uop	URW Classico Optima
pag	ITC Avant Garde Gothic
lmr	Latin Modern Roman
lmss	Latin Modern Sans Serif
lmtt	Latin Modern Typewriter
pza	Zapf Dingbats
bch	Charter
ccr	Computer concrete
ugm	Garamond
pzc	*Zapf Chancery*
uncl	Uncial

Tabelle 6.11: Referenz weitere Standardschriftfamilien

Schriftgrad - Punktgröße

Befehl	Größe	10pt	11pt	12pt
\miniscule				
\tiny	winzig	5	6	6
\scriptsize	sehr klein	7	8	8
\footnotesize	kleiner	8	9	10
\small	klein	9	10	11
\normalsize	normal	10	11	12
\large	groß	12	12	14.4
\Large	größer	14.4	14.4	17.28
\LARGE	noch größer	17.28	17.28	20.74
\huge	riesig	20.74	20.74	24.88
\Huge	gigantisch	24.88	24.88	24.88
\HUGE				
\fontsize{Größe}{Zeilenvorschub}				

Tabelle 6.12: Schriftgrößen

Schriftstärke und Laufweite

Stärke	Beschreibung	Breite	%	Beschreibung
ul	ultraleicht	uc	50.0	ultragestaucht
el	extraleicht	ec	62.5	extragestaucht
l	leicht/dünn	c	75.0	gestaucht
sl	halbleicht	sc	87.5	halbgestaucht
m	normal	m	100.0	normal
sb	halbfett	sx	112.5	halbgedehnt
b	fett	x	125.0	gedehnt
eb	extrafett	ex	150.0	extragedehnt
ub	ultrafett	ux	200.0	ultragedehnt

Tabelle 6.13: Referenz Schriftstärke und Laufweite

Schriftauszeichnungen

Befehl	Bedeutung
\emph{Text}	hervorgehoben
\textbf{Text}	fett
\underline{Text}	unterstrichen
\lstinline!Text!	Programmcode
^{Text}	hochgestellt
\textsubscript{Text}	tiefgestellt

Tabelle 6.14: Referenz Schriftauszeichnungen

Schriftform

Befehl	Schriftform
\fontshape{upright}	Aufrecht
\fontshape{slanted/oblique}	Schräg
\fontshape{small caps italic}	Kapitälchen kursiv

Befehl	Schriftform
\fontshape{outline}	Outline
\fontshape{italic}	Kursiv
\fontshape{small caps}	Kapitälchen
\fontshape{upright italic}	Schräg

Tabelle 6.15: Referenz Schriftformen I

Schriftform	Befehl
kursiv	\textit{...}
Kapitälchen	\textsc{...}
Aufrecht	\textup{...}
schräg	\textsl{...}

Tabelle 6.16: Referenz Schriftformen II

Seitenzahlen

Befehl	Erklärung
\pagestyle{Art}	Legt die Ausgabe der Seitenzahlen für die nachfolgenden Seiten fest. empty: keine Ausgabe der Seitenzahlen plain: Ausgabe der Seitenzahlen mittig in der Fußzeile
\thispagestyle{Art}	Legt die Ausgabe der Seitenzahl für die aktuelle Seite fest.

Tabelle 6.17: Referenz Seitenzahlen anzeigen

Zeile füllen bis zum Zeilenende

Befehl	Bedeutung	Beispiel
\dotfill	Punkte	....Wort

Befehl	Bedeutung	Beispiel	
\hfill	Leerzeichen		Wort
\hrulefill	Linie	_____	Wort

Tabelle 6.18: Referenz Zeile auffüllen

Anführungszeichen

Zeichen	Befehl	Zeichen	Befehl
„	\glqq	‚	\glq
"	\grqq	'	\grq
«	\flqq	‹	\flq
»	\frqq	‹	\frq
"	\textquotedblleft	'	\textquotedleft
"	\textquotedblright	'	\textquotedright

Tabelle 6.19: Referenz Anführungszeichen

Spezialzeichen in Sprachen

Zeichen	Befehl	Zeichen	Befehl
œ, Œ	\oe, \OE	ø, Ø	\o, \O
æ, Æ	\ae, \AE	ł, Ł	\l, \L
å, Å	\aa, \AA	ß	\oe, \ss

Tabelle 6.20: Referenz Spezialzeichen

Reservierte Zeichen

Zeichen	Befehl
\	\textbackslash
{, }	\{, \}

Zeichen	Befehl
%	\%
^	\^ {}
_	_
&	\&
#	\#
~	\textasciitilde
[ ]	{[} {]}
<, >	\textless, \textgreater
"	\dq
|	\textbar

Tabelle 6.21: Referenz Reservierte Zeichen

Auswahl verschiedener Symbole und Sonderzeichen

Zeichen	Befehl	Zeichen	Befehl
©	\copyright	€	\euro
®	\textregistered	$	\textdollar
™	\texttrademark	¢	\textcent
§	\S	£	\textsterling
¶	\P	¥	\textyen
...	\dots	₩	\textwon
–	\textendash	₦	\textnaira
—	\textemdash	₲	\textguarani
•	\textbullet		
*	\textasteriskcentered	°C	\textcelsius
·	\textperiodcentered	°	\textdegree

Tabelle 6.22: Referenz Symbole und Sonderzeichen

Weitere Symbole und Sonderzeichen stehen mit dem Paket *pifont* zur Verfügung. Das Paket lädt die Zeichensätze *Zapf Dingbats* und *Symbol*. Die Ausgabe der Zeichen erfolgt mit dem Befehl `\Pisymbol{Familie}{Nummer}`.

Für die Ausgabe der Symbole des Zeichensatzes Zapf Dingbats benutzen Sie die Familie *pzd*, für Symbol die Familie *psy*.

	0	1	2	3	4	5	6	7	8	9
3.				✁	✂	✃	✄	☎	✆	✇
4.	✈	✉	☛	☞	✌	✍	✎	✏	✐	✑
5.	✒	✓	✔	✕	✖	✗	✘	✙	✚	✛
6.	✜	✝	✞	✟	✠	✡	✢	✣	✤	✥
7.	✦	✧	★	✩	✪	✫	✬	✭	✮	✯
8.	✰	✱	✲	✳	✴	✵	✶	✷	✸	✹
9.	✺	✻	✼	✽	✾	✿	❀	❁	❂	❃
10.	❄	❅	❆	❇	❈	❉	❊	❋	●	❍
11.	■	❏	❐	❑	❒	▲	▼	◆	❖	◗
12.	❘	❙	❚	❛	❜	❝	❞			
16.		❡	❢	❣	❤	❥	❦	❧	♣	♦
17.	♥	♠	①	②	③	④	⑤	⑥	⑦	⑧
18.	⑨	⑩	❶	❷	❸	❹	❺	❻	❼	❽
19.	❾	❿	➀	➁	➂	➃	➄	➅	➆	➇
20.	➈	➉	➊	➋	➌	➍	➎	➏	➐	➑
21.	➒	➓	➔	→	↔	↕	➘	➙	➚	➛
22.	➜	➝	➞	➟	➠	➡	➢	➣	➤	➥
23.	➦	➧	➨	➩	➪	➫	➬	➭	➮	➯
24.		➱	➲	➳	➴	➵	➶	➷	➸	➹
25.	➺	➻	➼	➽	➾					

Tabelle 6.23: Referenz Zeichensatz Zapf Dingbats

	0	1	2	3	4	5	6	7	8	9
3.				!	∀	#	∃	%	&	∍
4.	(	)	∗	+	,	−	.	/	0	1
5.	2	3	4	5	6	7	8	9	:	;
6.	<	=	>	?	≅	Α	Β	Χ	Δ	Ε
7.	Φ	Γ	Η	Ι	ϑ	Κ	Λ	Μ	Ν	Ο
8.	Π	Θ	Ρ	Σ	Τ	Υ	ς	Ω	Ξ	Ψ
9.	Ζ	[	∴	]	⊥	_		α	β	χ
10.	δ	ε	φ	γ	η	ι	φ	κ	λ	μ

	0	1	2	3	4	5	6	7	8	9
11.	ν	o	π	θ	ρ	σ	τ	υ	ϖ	ω
12.	ξ	ψ	ζ	{	|	}	~			
16.		Υ	′	≤	/	∞	ƒ	♣	♦	♥
17.	♠	↔	←	↑	→	↓	°	±	″	≥
18.	×	∝	∂	•	÷	≠	≡	≈	…	|
19.	—	↵	ℵ	ℑ	ℜ	℘	⊗	⊕	∅	∩
20.	∪	⊃	⊇	⊄	⊂	⊆	∈	∉	∠	∇
21.	®	©	™	∏	√	·	¬	∧	∨	⇔
22.	⇐	⇑	⇒	⇓	◊	⟨	®	©	™	Σ
23.	⎛	|	⎝	⎡	|	⎣	⎧	⎨	⎩	|
24.		⟩	∫	⎧	|	⎦	⎞	|	⎭	⎤
25.	|	⎦	⎠	⎫	⎦					

Tabelle 6.24: Referenz Zeichensatz Symbol

Akzente

Akzent	Befehl	Akzent	Befehl	Akzent	Befehl
ò	\`o	ȯ	\.{o}	ő	\H{o}
ó	\'o	ŏ	\u{o}	ǫ	\c{o}
ô	\^o	ǒ	\v{o}	o̊	\r{o}
õ	\~o	o̧	\d{o}	o͡o	\t{o}
ō	\=o	o̲	\b{o}	Ⓞ	\textcircled{o}

Tabelle 6.25: Referenz Akzente

Verweise

Befehl	Erläuterung
\pageref {labeltyp:Bezeichnung}	Gibt die Seitennummer für das angegebene Label aus.

Befehl	Erläuterung
\label {labeltyp:Bezeichnung}	Der Befehl markiert ein Strukturelement. *labeltyp* bezeichnet das Strukturelement – *cha* für chapter (Kapitel), *sec* für section (Abschnitt), *ssec* für subsection (Unterabschnitt), *fig* für figure (Abbildung) sowie *tab* für table (Tabelle) – und *Bezeichnung* ist die Beschreibung für das Label.
\ref {labeltyp:Bezeichnung}	Gibt die Zählernummer für das angegebene Label aus; bspw. die Nummer der Abbildung oder die Nummer des Abschnitts.
Befehls des Paketes *hyperref*	
\url{URL}	Verweis auf eine Internet-Adresse.
\href{URL}{Beschreibung}	*Beschreibung* enthält einen Verweis auf eine Internet-Adresse.

Tabelle 6.26: Referenz Verweise

Mehrspaltige Abschnitte

Befehl	Erläuterung
\columnbreak	Erzwingt Spaltenwechsel.
\raggedcolumns	Spalten enden nicht auf der gleichen Zeile.

Tabelle 6.27: Referenz Mehrspaltige Abschnitte

Zitierbefehle

Befehl	Erläuterung
\Cite[Text]{Schlüssel}	Erzwingt Großschreibung bei der Ausgabe.
\parencite[Text]{Schlüssel}	Die Ausgabe ist vergleichbar dem Befehl \cite[Text]{Schlüssel}; die Ausgabe wird in Klammern gesetzt.

Befehl	Erläuterung
\textcite[Text]{Schlüssel}	Die Ausgabe ist vergleichbar dem Befehl `\cite[Text]{Schlüssel}`.
\footcite[Text]{Schlüssel}	Die Ausgabe ist vergleichbar dem Befehl `\cite[Text]{Schlüssel}`; die Ausgabe erfolgt jedoch in einer Fußnote.
\citeauthor[Text]{Schlüssel}	Gibt den Autor der referenzierten Literatur aus.
\citetitle[Text]{Schlüssel}	Gibt den Titel der referenzierten Literatur aus.
\citeyear[Text]{Schlüssel}	Gibt das Erscheinungsjahr der referenzierten Literatur aus.
\citeurl[Text]{Schlüssel}	Gibt die URL der referenzierten Literatur aus.
\nocite{Schlüssel}	Fügt den nicht-referenzierten Eintrag *Schlüssel* der BibTeX-Datenbank dem Literaturverzeichnis hinzu.
\nocite	Fügt alle nicht-referenzierten Einträge der BibTeX-Datenbank dem Literaturverzeichnis hinzu.

Tabelle 6.28: Referenz Zitierbefehle

biblatex-Befehle

Befehl	Erläuterung
\addbibresource	Lädt eine BibTeX-Datenbank.
\DeclareBibliography Category	Definiert eine Kategorie.
\addtocategory	Fügt ein BibTeX-Datenbankeintrag einer Kategorie hinzu.
\defbibheading	Definiert eine Überschrift für ein (Teil-) Literaturverzeichnis
\printbibliography	Gibt ein (Teil-) Literaturverzeichnis aus.

Befehl	Erläuterung
\bibbysection	Gibt alle Teil-Literaturverzeichnisse für die definierten Bereiche aus.
\bibbycategory	Gibt alle Teil-Literaturverzeichnisse für die definierten Kategorien aus.

Tabelle 6.29: Referenz biblatex-Befehle

Verzeichnisse

Befehl	Erläuterung
\tableofcontents	Gibt das Inhaltsverzeichnis aus.
\listoffigures	Gibt das Abbildungsverzeichnis aus.
\listoftables	Gibt das Tabellenverzeichnis aus.
\lstlistoflistings	Gibt das Verzeichnis der Listings aus.
\addcontentsline {Verzeichnis} {Ebene} {Eintrag}	Fügt einen Eintrag einem Verzeichnis zu. Verzeichnis ist *toc* für Inhaltsverzeichnis, *lof* für Abbildungsverzeichnis und *lot* für Tabellenverzeichnis. Ebene ist die Gliederungsebene bei toc, *figure* bei lof und *table* bei lot.
\addtoccontents {Verzeichnis} {Eintrag}	Fügt einen Eintrag einem Verzeichnis zu. Der Eintrag kann auch ein Befehl sein. Verzeichnis ist *toc* für Inhaltsverzeichnis, *lof* für Abbildungsverzeichnis und *lot* für Tabellenverzeichnis.
Glossar	
\makeglossaries	Erstellung des Glossars
\newglossaryentry {Schlüssel} {Glossareintrag}	Erstellt einen neuen Glossareintrag. Die Mindestangaben für Glossareintrag sind name={...}, description={...}. *Schlüssel* ist die Referenz, die zur Anzeige des Glossareintrags mit dem Befehl \gls{Schlüssel} im Dokument genutzt wird.

Befehl	Erläuterung
\glspl{Schlüssel}	Gibt die Pluralform der Kurzform aus.
\gls{Schlüssel}	Gibt die Kurzform aus; der erste Buchstaben wird als Kleinbuchstaben ausgegeben.
\Gls{Schlüssel}	Gibt die Kurzform aus; der erste Buchstaben wird als Großbuchstaben ausgegeben.
\Glspl{Schlüssel}	Gibt die Pluralform der Kurzform aus; der erste Buchstaben wird als Großbuchstaben ausgegeben.

Literaturverzeichnis

\bibitem
    [Label]
    {Schlüssel}
     Quelle
	Fügt in der *thebibliography*-Umgebung einen Eintrag hinzu. *Label* wird für die Bezeichnung der Quelle verwendet. *Schlüssel* ist der Verweis, der beim Zitieren mit dem Befehl [] genutzt wird. Allerdings ist dieser Zitier-Stil für deutsche Texte eher nicht geeignet. *Quelle* ist die Literatur-/Quellenreferenz. Für diese können ebenfalls alle LaTeX-Befehle für die Schriftauszeichnung etc. verwendet werden.

\printbibliography [Option]	Gibt die Bibliographie aus. Die Ausgabe wird über Optionen gesteuert.
\defbibheading hspace*1cm{Name} {Formatierung}	Definiert eine Überschrift für verteilte Literaturverzeichnisse.
\DeclareBibliography Category {Name}	Definiert eine Category für die Ausgabe unterteilter Literaturverzeichnisse.
\bibbicategory	Gibt alle mit Kategorien unterteilte Literaturverzeichnisse aus.

\addtocategory
    {Name}
    {Schlüssel}
	Fügte eine Literaturreferenz einer Category hinzu.

\bibbiysection	Gibt alle verteilten Literaturverzeichnisse aus.

Abkürzungsverzeichnis

\glspl{Schlüssel}	Gibt die Pluralform der Kurzform aus.

Befehl	Erläuterung
\gls{Schlüssel}	Gibt die Kurzform aus; der erste Buchstaben wird als Kleinbuchstaben ausgegeben.
\Gls{Schlüssel}	Gibt die Kurzform aus; der erste Buchstaben wird als Großbuchstaben ausgegeben.
\Glspl{Schlüssel}	Gibt die Pluralform der Kurzform aus; der erste Buchstaben wird als Großbuchstaben ausgegeben.
\acrfull {Schlüssel}	Gibt die Lang- und Kurzform der zum Schlüssel gehörenden Abkürzung aus in der Form »*Langform (Kurzform)*« aus.
\acrshort {Schlüssel}	Gibt die Kurzform der zum Schlüssel gehörenden Abkürzung aus.
\acrlong {Schlüssel}	Gibt die Langform der zum Schlüssel gehörenden Abkürzung aus.

Index

\printindex[Index]	Gibt den betreffenden *Index* aus.

Weitere Befehle

Befehl	Erläuterung
\include{}	Bindet die angegebene tex-Datei ein. Die Datei startet mit einer neuen Seite.
\noparident	Sorgt am Anfang eines Absatzes dafür, dass die erste Zeile nicht eingerückt wird.
\protect	Stellt sicher, dass ein Befehl – wenn er als Parameter eines anderen Befehls dient – auch tatsächlich als Befehl interpretiert wird und nicht als Datum.
\rule{Breite}{Dicke}	zieht eine Linie mit der angegebenen Breite und Dicke

Befehl	Erläuterung
\setlength {Länge} {Betrag}	Setzt die Länge *Länge* neu fest. *Wert* ist eine beliebige Maßeinheit. Eine Übersicht zu den wichtigsten Längen befindet sich auf Seite 195; eine Übersicht zu den Einheiten findet sich auf Seite 197
\stepcounter {Zähler}	Erhöht den *Zähler* um Eins.

6.3 Beschreibungen wichtiger LaTeX-Pakete

amssymb   TeX fonts from the American Mathematical Society
http://ftp.math.purdue.edu/mirrors/ctan.org/fonts/amsfonts/doc/am
sfndoc.pdf

babel   Multilingual support for Plain TeXor LaTeX
http://mirrors.concertpass.com/tex-archive/macros/latex/required/
babel/base/babel.pdf

biblatex   Sophisticated Bibliographies in LaTeX
http://mirror.utexas.edu/ctan/info/translations/biblatex/de/bibla
tex-de-Benutzerhandbuch.pdf

biblatex-dw   Humanities styles for BibLaTeX
http://ctan.math.washington.edu/tex-archive/macros/latex/contrib/b
iblatex-contrib/biblatex-dw/doc/de-biblatex-dw.pdf

biblatex-iso690   BibLaTeX style for ISO 690 standard http://mirror.las
.iastate.edu/tex-archive/macros/latex/contrib/biblatex-contrib/bi
blatex-iso690/biblatex-iso690.pdf

Cormorantgaramond   Cormorant Garamond family of fonts
http://mirrors.ctan.org/fonts/cormorantgaramond/doc/cormorantgara
mond.pdf

csquotes   Context sensitive quotation facilities
http://ctan.mirrors.hoobly.com/macros/latex/contrib/csquotes/csqu
otes.pdf

din1505 Bibliography styles for German texts

ebgaramond LaTeX support for EBGaramond fonts
http://mirrors.ctan.org/fonts/ebgaramond/README

eurosym METAFONT and macros for Euro sign
http://www.theiling.de/eurosym.html

fancyvrb Sophisticated verbatim text
http://ftp.gwdg.de/pub/ctan/macros/latex/contrib/fancyvrb/doc/fan
cyvrb-doc.pdf

filecontents Extended filecontents and filecontents* environments
http://ctan.math.washington.edu/tex-archive/macros/latex/contrib/f
ilecontents/filecontents.pdf

floatrow Modifying the layout of floats
http://ctan.math.washington.edu/tex-archive/macros/latex/contrib/f
loatrow/floatrow.pdf

fontenc Standard package for selecting font encodings

graphicx Enhanced support for graphics
http://ctan.math.illinois.edu/macros/latex/required/graphics/grfg
uide.pdf

german   Support for German typography
http://ctan.math.washington.edu/tex-archive/language/german/gerdoc
.pdf

glossaries   Create glossaries and lists of acronyms
http://ftp.fau.de/ctan/macros/latex/contrib/glossaries/glossaries-
code.pdf

hyperref   Extensive support for hypertext in LaTeX

idxlayout   Configurable index layout, responsive to KOMA-Script and memoir
http://mirror.las.iastate.edu/tex-archive/macros/latex/contrib/idx
layout/idxlayout.pdf

imakeidx   A package for producing multiple indexes
http://mirrors.concertpass.com/tex-archive/macros/latex/contrib/i
makeidx/imakeidx.pdf

inputenc   Accept different input encodings
http://mirror.utexas.edu/ctan/macros/latex/base/inputenc.pdf

lmodern   Standard package for Latin Modern Fonts.

longtable   Allow tables to flow over page boundaries
http://ftp.math.purdue.edu/mirrors/ctan.org/macros/latex/required
/tools/longtable.pdf

listings   Typeset source code listings using LaTeX
`http://mirror.utexas.edu/ctan/macros/latex/contrib/listings/listings.pdf`

memoir   Typeset fiction, non-fiction and mathematical books
`http://mirror.las.iastate.edu/tex-archive/macros/latex/contrib/memoir/memman.pdf`

microtype   Subliminal refinements towards typographical perfection
`http://ctan.math.illinois.edu/macros/latex/contrib/microtype/microtype.pdf`

minitoc   Produce a table of contents for each chapter, part or section
`http://texdoc.net/texmf-dist/doc/latex/minitoc/minitoc.pdf`

multicol   Intermix single and multiple columns
`http://mirrors.ibiblio.org/CTAN/macros/latex/required/tools/multicol.pdf`

natbib   Flexible bibliography support `http://mirror.utexas.edu/ctan/macros/latex/contrib/natbib/natbib.pdf`

ngerman   Support for new German typography
`http://ctan.mirrors.hoobly.com/language/german/gerdoc.pdf`

pifont   Access to PostScript standard Symbol and Dingbats fonts
`http://mirrors.concertpass.com/tex-archive/macros/latex/required/psnfss/psnfss2e.pdf`

rcol   Decimal-centered optionally rounded numbers in tabular
http://ctan.math.illinois.edu/macros/latex/contrib/rccol/rccol.pdf

rotating   Rotation tools, including rotated full-page floats
http://mirror.las.iastate.edu/tex-archive/macros/latex/required/graphics/rotating.pdf

scrlayer-scrpage   Define and manage page styles
http://ctan.math.utah.edu/ctan/tex-archive/macros/latex/contrib/koma-script/doc/scrguide.pdf

subfig   Figures broken into subfigures
http://mirror.utexas.edu/ctan/macros/latex/contrib/subfig/subfig.pdf

textcomp   LaTeX support for the Text Companion fonts
http://mirrors.ctan.org/obsolete/fonts/psfonts/ts1/README

tocbasic   Management of tables/lists of contents (and the like)
http://ctan.math.utah.edu/ctan/tex-archive/macros/latex/contrib/koma-script/doc/scrguide.pdf

url   Verbatim with URL-sensitive line breaks
http://mirrors.ibiblio.org/CTAN/macros/latex/contrib/url/url.pdf

wrapfig   Produces figures which text can flow around
http://mirror.utexas.edu/ctan/macros/latex/contrib/wrapfig/wrapfig-doc.pdf

6.4 Längen

Name	Beschreibung
\textwidth	Die Gesamtbreite des Textbereiches
\textheight	Die Gesamthöhe des Textbereiches
\columnwidth	Die Textbreite einer Spalte
\linewidth	Die Länge einer Textzeile abhängig von der aktuellen Umgebung.
\parskip	Abstand zwischen zwei Absätzen
\parindent	Erstzeileneinzug für Absätze
\columsep	Abstand zwischen zwei Textspalten
\tabcolsep	linker und rechter Abstand in einer Tabellenzelle
\arrayrulewidth	Dicke einer vertikalen Trennlinie in einer Tabelle
\partopsep	Zusätzlicher Abstand, wenn die Liste auch einen neuen Absatz darstellt
\topsep	Abstand der Liste zum vorherigen sowie nachfolgenden Text
\parsep	Abstand zwischen zwei Absätzen innerhalb eines Listeneintrages
\itemsep	Abstand zwischen zwei Einträgen in einer Liste
\leftmargin	Abstand der Liste zum linken Rand
\rightmargin	Abstand der Liste zum rechten Rand
\labelwidth	Breite der Markierung für einen Listeneintrag
\labelsep	Abstand zwischen Markierung und erläuterndem Text
\itemindent	Erstzeileneinzug eines Listeneintrages
\listparindent	Erstzeileneinzug eines Absatzes in einem Listeneintrag

Tabelle 6.32: Referenz Längen

6.5 Maßangaben und -einheiten

Maßangaben bestehen immer aus einer Dezimalzahl und einer Maßeinheit. LaTeX kennt dabei feste Maßeinheiten sowie dynamische Maßeinheiten in Abhängigkeit von der gewählten Schriftart.

Feste Maßeinheiten in LaTeX

Name	Beschreibung	Definition	Aktueller Wert
cm	Centimeter		28.4526pt
mm	Millimeter		2.84526pt
bp	Big Point	72bp/in	1.00374pt
cc	Cicero	1cc = 12dd	12.8401pt
dd	Didot	1157dd = 1238pt	1.07pt
in	Inch	72.27pt	72.27pt
pc	Pica	12pt/pc	12.0pt
sp	Scaled Point	65536sc/pt	0.00002pt

Tabelle 6.33: Referenz Feste Maßeinheiten

Dynamische Maßeinheiten in LaTeX

Name	Beschreibung
em	Die Breite des Großbuchstabens M in der aktuell gewählten Schrift
ex	Die Höhe des Kleinbuchstabens x in der aktuell gewählten Schrift
px	Bildpunkt

Tabelle 6.34: Referenz Dynamische Maßeinheiten

6.6 Die wichtigsten Warnungen und Fehlermeldungen

Die folgende Auflistung ist eine Übersicht der wichtigsten bzw. häufigsten Fehlermeldungen und Warnungen, die TEX und LATEX bei der Übersetzung ausgeben.

Sinnvoll ist es, die Warnungen und Fehler vom Anfang an abzuarbeiten. Oftmals ziehen Warnungen und Fehler Folgefehler nach sich, die eine Entstörung erschweren.

Warnungen und Fehlermeldungen des TEX-Kernsystems

overfull \hbox (...pt too wide) LATEX konnte die Zeile nicht ordnungsgemäß umbrechen und somit ragt sie ...pt über den rechten Rand hinaus. Als Abhilfe müssen Sie entweder manuell die Silbentrennung unterstützen oder den Text umstellen.

underfull \hbox (badness ...) LATEX ist der Meinung, die Wortzwischenräume wären zu groß. Der Wert von *badness* ist ein Hinweis für die Größe. Je größer der Wert, desto größer die Zwischenräume. Auch hier können Sie nur die Silbentrennung manuell unterstützen oder die Formulierung des Textes anpassen – wenn es Sie denn stört.

overfull \vbox ()...pt too wide) besagt, dass LATEX die Seite nicht ordnungsgemäß umbrechen konnte und der Text nach unten über den unteren Rand des Textfeldes hinausragt.

underfull \vbox ... ergibt sich, wenn die Abstände zwischen den Absätzen oder Gestaltungselementen zu groß ist. Abhilfe kann nur durch Neuformulierung von Absätzen geschaffen werden.

! Extra alignment tab has been changed to \cr tritt auf, wenn in einer Tabellenzeile mehr Spalten (&-Zeichen) vorkommen, als Spalten definiert wurden.

! Extra } or forgotten $ bedeutet, es fehlt eine schließende Klammer.

! I can't find file ... tritt auf, wenn LaTeX die angegebene Datei nicht finden kann.

! Illegal unit of measure (pt inserted) bedeutet, dass eine Zahl ohne Maßeinheit eingegeben wurde. Auch bei einer Null erwartet LaTeX eine Maßeinheit.

! Misplaced alignment tab character & tritt auf, sobald das Zeichen & außerhalb von einer Tabellen-Umgebung als Befehl verwendet wird. Wahrscheinlich wurde der Backslash \zur Maskierung vergessen.

! Missing number, treated as zero bedeutet, dass ein LaTeX-Befehl, der eine Zahl erwartet, keine bekommen hat.

! Missing { inserted bedeutet, es fehlt irgendwo eine öffnende Klammer.

! Missing } inserted bedeutet, es fehlt irgendwo eine schließende Klammer.

! Missing \$ inserted   tritt auf, wenn ein Symbol, das nur im mathematischen Modus erlaubt ist, im normalen Text verwendet wurde. Wahrscheinlich wurde der Backslash \zur Maskierung vergessen.

! Paragraph ended before ... was complete   bedeutet, dass ein Argument fehlerhaft eingegeben wurde: es fehlt eine schließende Klammer oder das Argument enthält eine Leerzeile.

! Undefined control sequence   tritt auf, bei einem fehlerhaften Befehl: entweder wurde der Befehl fehlerhaft geschrieben oder es fehlt das dazugehörige Paket in der Präambel.

! You can't use 'macro parameter #' in ... mode   bedeutet, dass das Sonderzeichen # im normalen Text verwendet wurde. Wahrscheinlich wurde der Backslash \zur Maskierung vergessen.

Warnungen und Fehlermeldungen des LaTeX-Systems

LaTeX Warning: Float to large for page by ... pt on input line ...
tritt auf, wenn eine Gleitumgebung die zulässigen Maße des Textbereiches übersteigt.

LaTeX Warning: 'h' float specifier changed to 'ht'   bedeutet, dass LaTeX das Gleitobjekt nicht an der gewünschten Position setzen kann.

**! LaTeX Error: Bad use of **   tritt auf, wenn der Befehl \\zwischen Absätzen erscheint.

! LaTeX Error: \begin{. . . }on input line . . . ended by \end{. . . } bedeutet, dass LaTeX einen \end-Befehl ohne dazugehörigen \begin-Befehl gefunden hat.

! LaTeX Error: Environment . . . undefined tritt auf, wenn eine unbekannte Umgebung benutzt wird. Hier ist wahrscheinlich ein Tippfehler die Ursache.

! LaTeX Error: Illegal character in array arg bedeutet, dass in einer Tabellenumgebung oder in einem `\multicolumn{code}{pos}{text}`-Befehl, eine fehlerhafte Formatierungsangabe aufgeführt ist.

6.7 Dateien und Dateiendungen

Alle bei LaTeX verwendeten Dateien sind reine Text-Dateien, d. h. mit jedem Texteditor zu lesen. In Abhängigkeit der verwendeten Befehle werden in den Übersetzungsdurchläufen weitere Dateien erzeugt und weiterverarbeitet. Für den Nutzer sind im Wesentlichen die folgenden Dateien von Interesse.

Endung	Verwendung	Bedeutung
LaTeX-Dateien, die der Nutzer erstellt		
tex	TeX	Datei mit Dokumentinhalt und Steuerbefehlen.
bib	BibTeX	Literaturdatenbank im BibTeX-Format
LaTeX-Dateien, die der Nutzer erstellen kann		
Diese Dateien beinhalten Formatierungsvorgaben, um LaTeX-Standards zu überschreiben		
ist	Index	Indexstil-Datei für Makeindex. Enthält Formatierungsvorgaben für Index-Verzeichnisse, d. h. Anweisungen, wie aus den Einträgen in der idx/glo/acn-Datei die ind/gls/acr-Datei generiert werden soll.
bst	BibTeX	Bibliographiestil-Datei für biblatex. Enthält Formatierungsvorgaben für Bibliographien, d. h. Anweisungen, wie aus den Einträgen in der bib-Datei die bbl-Datei generiert werden soll bzw. wie Zitate im Dokument gesetzt werden sollen.

Endung	Verwendung	Bedeutung

LATEX-Dateien, die LATEX erstellt

Diese Dateien werden nach LATEX-Durchläufen erstellt und dienen als Eingabe für weitere LATEX-Durchläufe.

aux	Auxilary	Hilfs-Datei; enthält Befehle zur Anpassung der Zähler sowie zum Erstellen der toc-, lot-, lof-, lol-, idx-, acn-, maf-, mtc-, etc. Dateien.
log	Logging	Enthält die Ergebnisse der Übersetzungsdurchläufe inkl. Fehlermeldungen und Warnungen
toc	Table of Contents	Inhaltsverzeichnis
lot	List of Tables	Verzeichnis der Tabellen.
lol	List of Listings	Verzeichnis der Listings.
lof	List of Figures	Verzeichnis der Abbildungen.
bbl	BibTeX	Enthält die Einträge des Literaturverzeichnis gemäß den Formatierungsvorgaben.
blg	BibTeX	Log-Datei; enthält die Ergebnisse der Erstellung des Literaturverzeichnisses mit BibTeX.
glo	Glossary	Sammelt alle Einträge für ein Glossar; dient als Eingabe für die Erstellung des Glossars.
gls	Glossary	Enthält die sortierten Einträge des Glossars.
glg	Glossary	Log-Datei; enthält die Ergebnisse der Erstellung des Glossars.
glsdefs	Glossary	Fertiges Glossar.

Endung	Verwendung	Bedeutung
idx	Index	Sammelt alle Einträge für einen Index (Stichwort- bzw. Personenverzeichnis); dient als Eingabe für die Erstellung des Index (Stichwort- bzw. Personenverzeichnis).
ilg	Index	Log-Datei; enthält die Ergebnisse der Erstellung des Index (Stichwort- oder Personenverzeichnis).
ind	Index	Fertiger Index (Stichwort- bzw. Personenverzeichnis).
acn	Acronym	Sammelt alle Einträge für das Abkürzungsverzeichnis; dient als Eingabe für die Erstellung des Abkürzungsverzeichnisses.
acr	Acronym	Fertiges Verzeichnis der Abkürzungen.
alg	Acronym	Log-Datei; enthält die Ergebnisse der Erstellung des Abkürzungsverzeichnisses.
maf	MiniTOC	Verzeichnis der erstellten Dateien.
mtc	MiniTOC	Mini-Table of Content für das jeweilige Kapitel.
mlf	MiniTOC	Mini-List of Figures für das jeweilige Kapitel.
mlt	MiniTOC	Mini-List of Tables für das jeweilige Kapitel.

Tabelle 6.35: Referenz: Dateiformate

6.8 LATEX-Durchläufe

In Abhängigkeit der Komplexität des LATEX-Dokumentes sind bis zu drei Übersetzungsvorgänge erforderlich.

Durchlauf 1

Im ersten Durchlauf werden die Quelltexte ausgewertet und alle Einträge für das Inhaltsverzeichnis, Abbildungsverzeichnis, Verzeichnis der Listings, Stichwortregister, Personenregister, Literaturverzeichnis, Abkürzungsverzeichnis und Glossar jeweils in einer Datei gespeichert.

Aus diesen Dateien werden im Anschluss durch die entsprechenden Programme *makeindex*, *makeglossaries* und *biber* gemäß den Stil-Dateien LATEX-Quelltextdateien erstellt. Mit diesen Dateien startet der zweite Durchlauf.

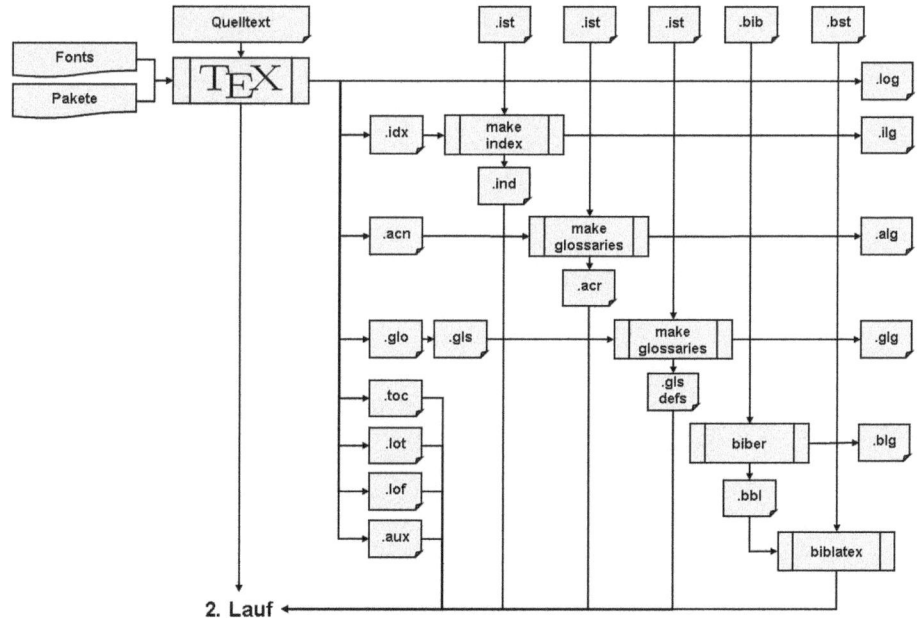

Abbildung 6.2: Der erste LATEX-Durchlauf

Durchlauf 2

Im zweiten Durchlauf werden die Quelltextdateien der Verzeichnisse und Register eingebunden. Dies führt zu einer nochmaligen Erstellung des Inhaltsverzeichnisses.

Im dritten Durchlauf wird das erneut erstellte Inhaltsverzeichnis integriert und das endgültige PDF-Dokument erzeugt.

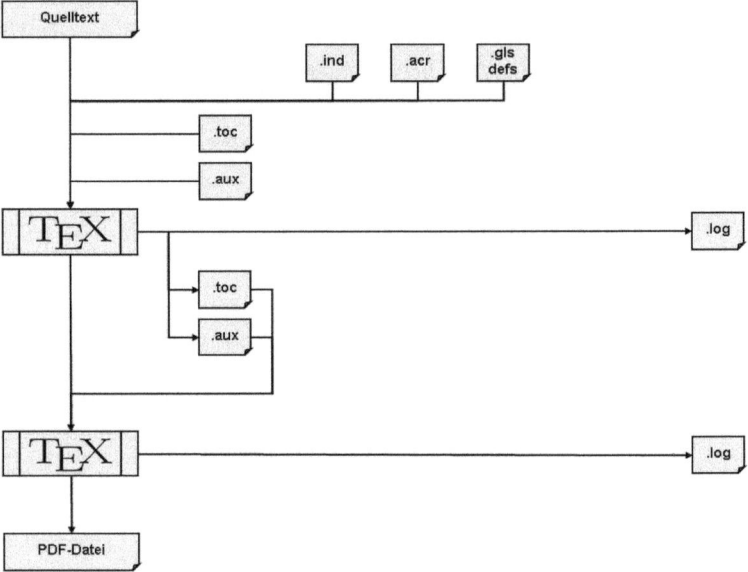

Abbildung 6.3: Der zweite und dritte LATEX-Durchlauf

6.9 Programme

MikTEX TEX-Basissystem
https://miktex.org/

TEXstudio Entwicklungsumgebung für die Erstellung von TEX-Dokumenten
http://texstudio.sourceforge.net/

SumatraPDF Betrachter für PDF-Dokumente
https://www.sumatrapdfreader.org/free-pdf-reader.html

IrfanView Programm für Manipulation von Grafikdateien – insbesondere für
die Anpassung der Auflösung
https://www.irfanview.de/

GIMP Programm für die Bearbeitung von Grafikdateien
https://www.gimp.org/

JabRef Programm für die Erstellung und Verwaltung von BibTEX-Datenbanken
http://www.jabref.org/

6.10 Checkliste Qualität von Code und Daten in LaTeX-Projekten

Zusammengestellt von Tobias Weh (mail@tobiw.de)
Version 0.1 — `https://github.com/tweh/tex-checkliste`
Ohne Anspruch auf Vollständigkeit!
Ergänzungen und Korrekturen gerne per E-Mail oder über GitHub.

Allgemeines

- Sind alle Dateien einheitlich kodiert? In der Regel sollte es Unicode (UTF-8) oder ISO-8859-1 (latin1) sein.

- Lässt sich das Dokument fehlerfrei kompilieren?

  - Sind alle verwendeten Befehle/Umgebungen definiert?

  - Werden Umgebungen, Argumente, Gruppen etc. korrekt geschlossen?

  - Sind alle eingebundenen TEX-Dateien vorhanden?

  - Sind alle eingebundenen Bilddateien vorhanden?

- Ist der Code bzw. das Projekt ordentlich angelegt?

  - Sind lange Dokumente in einzelne Dateien aufgeteilt?
    Siehe dazu `https://tex.stackexchange.com/q/246/4918`

  - Wurden Kommentare zur Erklärung/Beschreibung verwendet?

  - Werden Einrückungen etc. verwendet, um den Code zu gliedern/strukturieren?
    Siehe dazu `https://tex.stackexchange.com/q/40775/4918`

- Werden veraltete/obsolete Pakete oder Befehle etc. benutzt?
  Siehe dazu `https://ctan.org/pkg/l2tabu`

Schrift und Text

- Sind alle verwendeten Schriften und Schriftschnitte verfügbar? Hierzu
  Warnung »Font shape 'x' undefined« in der .log-Datei prüfen.

- Werden noch obsolete Schriftschalter (z. B. `\bf`) benutzt?
  Siehe hierzu `https://ctan.org/pkg/l2tabu`

- Werden Absätze korrekt ausgezeichnet (Leerzeile oder `par`; nicht `\\`)?

- Wird `\emph` statt `\textit` für einfache Auszeichnungen benutzt?

- Werden Schrift- oder Textausrichtungsschalter als Umgebungen (bspw.
  `{small}` statt `\small` oder `{centering}` statt `{center}` oder `\centering`) miss-
  braucht?

- Werden Auszeichnungen im Text durch geeignete Befehle (ggf. selbst
  definiert) erreicht? Nur mit einem logischen Markup bleibt das Dokument
  auch bei Änderungen an der Art der Auszeichnung konsistent.

- Werden Anführungszeichen korrekt gesetzt? Am besten mit *csquotes*.

- Wurden Abkürzungen mit schmalen Leerzeichen gesetzt? z. B. statt z. B.
  oder z.B.

- Wurden bereits viele manuelle Umbrüche u. ä. eingesetzt, die beim Satz
  in einem ggf. anderen Layout stören?

Verweise, Quellen und Co

- Werden Querverweise mit der 6.10Mechanik erzeugt?

- Sind alle Querverweise eindeutig definiert? Hierzu Warnungen »Reference 'x' on page n undefined« oder »Label 'x' multiply defined« in der .log-Datei prüfen und im Dokument nach »??« suchen.

- Werden Literaturverzeichnis und -verweise automatisch erzeugt?

- Sind alle Literaturverweise (Zitierschlüssel) definiert? Hierzu Warnung »Citation 'x' on page n undefined« in der .log-Datei prüfen.

- Lässt sich die Bibliografie ohne Fehler und Warnungen verarbeiten? Warnungen und Fehlermeldungen des Bibliographieprogramms (z. B. biber) beachten und .blg-Datei prüfen.

- Lassen sich Index- und Glossarhilfsdateien ohne Fehler und Warnungen verarbeiten? Hierzu Warnungen und Fehlermeldungen des entsprechenden Programms (z. B. xindy) beachten und .ilg-/.glg-Datei prüfen.

Abbildungen und Tabellen

- Sind eingebundene Bilddateien vorhanden (s. o.)?

- Haben eingebundene Bilddateien eine ausreichende Auflösung? Kompilierte PDF bspw. mit Preflight-Funktion von Acrobat prüfen.

- Werden Gleitumgebungen wie *figure* oder *table* (sinnvoll) benutzt?

- Sind Abbildungen und Tabellen mit einer Beschriftung *caption* versehen?

Abbildungsverzeichnis

Tabellenverzeichnis

Verzeichnis der Listings

Literatur- und Quellenverzeichnis

Literaturverzeichnis

Das vorliegende Buch greift im Wesentlichen auf die nachfolgende Literatur zurück und fasst diese im Sinne eines Kochbuches zusammen.

BAUN, Christian, 2003. *LATEX für Dummies.* Bonn: mitp-Verlag. ISBN 9783826630354

COTTRELL, Allin, *Word Processors: Stupid and Inefficient.* [Zugriff am 24.03.2019]. Verfügbar unter `http://ricardo.ecn.wfu.edu/~cottrell/wp.html`.

DILBA, Eberhard, 2008. *Typographie-Lexikon.* Norderstedt: Books on Demand. ISBN 9783833425226. [Zugriff am 24.03.2019]. Verfügbar unter `https://eberhard-dilba.homepage.t-online.de/pdf-Dateien/Lexikon.pdf`

ENSENBACH, Marc und Mark TRETTIN, 2016. *Das LATEX 2ε-Sündenregister oder Veraltete Befehle, Pakete und andere Fehler* [Zugriff am 24.03.2019]. Verfügbar unter `http://ftp.fau.de/ctan/info/l2tabu/german/l2tabu.pdf`

GOHLISCH, Helmut B.,   2018. *LATEX für Buchautoren. Band 1: Einführung.* Norderstedt: Books on Demand. ISBN 9783752873474

KNUTH, Donald E.,   1984. *The TEXbook.* Reading, Massachusetts: Addison-Wesley. ISBN 9780201134483. [Zugriff am 24.03.2019]. Verfügbar unter `http://www.ctex.org/documents/shredder/src/texbook.pdf`

KNUTH, Donald E.,   1979. *Mathematical Typography.* Bulletin (New Series) of the American Mathematical Society, Volume 1, Number 2. [Zugriff am 24.03.2019]. Verfügbar unter `https://projecteuclid.org/download/pdf_1/euclid.bams/1183544082`

KOHM, Markus,   2018. *KOMA-Script. Eine Sammlung von Klassen und Pakten für LATEX.* 6. überarbeitete und erweiterte Auflage für KOMA-Script 3. Berlin: lehmanns media. ISBN 9783865419514

KOHM, Markus,   *Satzspiegelkonstruktionen im Vergleich.* Die TEXnische Komödie 4/2002, S. 28–48. [Zugriff am 24.03.2019]. Verfügbar unter `https://www.dante.de/tex/Dokumente/KohmSatzspiegel.pdf`

KOHM, Markus,   *Ausgleich des Bindeverlusts bei Büchern.* Die TEXnische Komödie 1/2004, S. 32–39. [Zugriff am 24.03.2019]. Verfügbar unter `http://www.dante.de/DTK/Ausgaben/dtk04-1.pdf`

NEUBAUER, Marion,   *Feinheiten bei wissenschaftlichen Publikationen – Mikrotypographie-Regeln Teil I.* Die TEXnische Komödie 4/1996, S. 23-40. [Zugriff am 24.03.2019]. Verfügbar unter `https://www.dante.de/tex/Dokumente/NeubauerI.pdf`

NEUBAUER, Marion, *Feinheiten bei wissenschaftlichen Publikationen – Mikrotypographie-Regeln Teil II.* Die T_EXnische Komödie 1/1997, S. 25-44. [Zugriff am 24.03.2019]. Verfügbar unter `https://www.dante.de/tex/Dokum ente/NeubauerIIA.pdf`

NIEDERBERGER, Clemens, *Warum LATEX? Ein Vergleich mit Libreoffice.* [Zugriff am 24.03.2019]. Verfügbar unter `https://www.niederberger-musi k.de/warum-latex-ein-vergleich-mit-libreoffice/.`

RIEDEL, Wolfgang, *LATEX für Fortgeschrittene.* TU Chemnitz, 2011. [Zugriff am 24.03.2019]. Verfügbar unter `https://www.tu-chemnitz.de/urz/ar chiv/kursunterlagen/latex_fortgeschr/rsrc/latex2.pdf`

ROBERTS, Andrew, *Getting to Grips with LaTeX – Benefits of LaTeX typesetting.* [Zugriff am 24.03.2019]. Verfügbar unter `https://www.andy-robe rts.net/writing/latex/benefits.`

TARABORELLI, Dario, *The beauty of LATEX.* [Zugriff am 24.03.2019]. Verfügbar unter `http://nitens.org/taraborelli/latex.`

Technische Hochschule Ingolstadt Zitierregeln nach DIN ISO 690. [Zugriff am 24.03.2019]. Verfügbar unter `https://www.uni-saarland.de/filead min/user_upload/Professoren/fr41_ProfSolteGresser/Dokumente/Zitie ren_nach_DIN_ISO_690.pdf`

TSCHICHOLD, Jan, 1960. *Erfreuliche Drucksachen durch gute Typographie. Eine Fibel für Jedermann.* Ravensburg: Otto Maier Verlag. Nachdruck bei Maro Verlag, Ravensburg. 2001. ISBN 387512138

VOSS, Herbert, 2017. *Einführung in LATEX*. 3. Auflage. Berlin: lehmanns media. ISBN 9783865417985

WEH, Tobias, 2018. CHECKLISTE *Qualität von Code und Daten in LATEX-Projekten* [Zugriff am 24.03.2019]. Verfügbar unter `https://tobiw.de/get/tex_checkliste.pdf`

WHITE, Jan, 1988. *Das Rasterbuch. Wie man Seiten besser gestaltet.* Frankfurt: Letraset Deutschland GmbH.

Bilderquellen

Titelbild
https://openclipart.org/detail/274856/ink-pen-money

Der Papyrer
https://upload.wikimedia.org/wikipedia/commons/0/06/Papyrer-1568.png

Der Schriftgießer
https://upload.wikimedia.org/wikipedia/de/f/fc/Schriftgiesser.jpg

Der Buchdrucker
https://upload.wikimedia.org/wikipedia/commons/a/a0/Buchdrucker-1568.png

Der Buchbinder
https://upload.wikimedia.org/wikipedia/commons/4/4a/Buchbinder-1568.png

CTAN Löwe
https://ctan.org/lion/files/ctan_lion_2400.png

Flammarion
https://upload.wikimedia.org/wikipedia/commons/8/87/Flammarion.jpg

TeX-Gruppen

TeXUser Group (TUG), gegründet 1980, unterhält den amerikanischen CTAN-Knoten und gibt die Zeitschrift TUGboat heraus, die über Neuigkeiten rund um TeX, LaTeX usw. berichtet und sich vorwiegend an Entwickler wendet. Die Online-Zeitschrift The PracTeX Journal richtet sich an TeX-Anwender. Darüber hinaus erstellt sie zusammen mit anderen Anwendergruppen jährlich die TeX-Distribution TeX Live.
Webseite: `https://tug.org/`

Deutschsprachige Anwendervereinigung TeX (DANTE) e.V., gegründet 1989, betreut und berät TeX-Nutzer im deutschen Sprachraum. Außerdem vertritt DANTE e.V. die Interessen der deutschsprachigen TeX-Anwender auf internationaler Ebene.
DANTE e. V. unterhält mit www.ctan.org den Server des Comprehensive TeX Archive Network (CTAN). Zusammen mit anderen User Groups wird jährlich die TeX-Distribution TeX Collection herausgegeben und kostenlos an Vereinsmitglieder verteilt.
Webseite: `http://www.dante.de/index.html`

Comprehensive TeX-Archive Network (CTAN) ist die zentrale Anlaufstelle für alle Arten von Material rund um TeX. CTAN hat gegenwärtig 5.652 Pakete. Sie wurden von 2.588 Beitragenden zur Verfügung gestellt. Die meisten Pakete sind frei und können sofort heruntergeladen und genutzt werden.
Webseite: `https://ctan.org/`

TₑX-Foren und Kurse

`https://tex.stackexchange.com/`

`https://texwelt.de/wissen/`

`https://golatex.de/`

`https://latex.org/forum/`

`https://www.mrunix.de/forums/forumdisplay.php?38-LaTeX-Forum`

`http://texblog.net/`

Der LATₑX-Index Eine Befehlsübersicht im World Wide Web von Jürgen Weinelt
Webseite: `http://www.weinelt.de/latex/`

Einführung in LATEX von PD Dr. Thorsten Nagel
Webseite: `http://www.nagel-net.de/Latex/DOKU/Latexkurs_Skript.pdf`

Freiberger LATₑX-Stammtisch
Webseite: `http://www.suedraum.de/latex/stammtisch/`

Sascha Frank, Einsteigerkurs
Webseite: `https://www.namsu.de/latex.html`

LaTeX – gleich setzt's was! Ein Einsteigerkurs basierend auf den KOMA-Script-Klassen.
Webseite: `https://esc-now.de/projekte/latex/`

Getting to Grips with LaTeX Tutorials
Webseite: `https://www.andy-roberts.net/writing/latex`

Teuderun LaTeX
Webseite: `https://www.teuderun.de/latex/`

Overleaf Online-Editor
Webseite: `https://de.overleaf.com/learn`

Wikibooks: LaTeX-Kompendium eine Einführung mit Nachschlagewerk
Webseite: `https://de.wikibooks.org/wiki/LaTeX-Kompendium`
Ergänzend werden zwei Unterseiten aufgeführt mit einem Schnellkurs sowie einem Wörterbuch.
`https://de.wikibooks.org/wiki/LaTeX-Kompendium:_Schnellkurs`
`https://de.wikibooks.org/wiki/LaTeX-Kompendium:_W%C3%B6rterbuch`

Sonstige hilfreiche Quellen

KOMA Script Documentation project
Webseite: `https://komascript.de/`

Font-Catalogue Übersicht der verfügbaren Schriften
Webseite: `http://www.tug.dk/FontCatalogue/`

The Great, Big List of LATEX Symbols
Webseite: `https://www.rpi.edu/dept/arc/training/latex/LaTeX_symbols.pdf`

Math symbols defined by LaTeX package »amssymb«
Webseite: `http://milde.users.sourceforge.net/LUCR/Math/mathpackages/amssymb-symbols.pdf`

The Comprehensive LATEX Symbol List
Webseite: `http://mirrors.rit.edu/CTAN/info/symbols/comprehensive/symbols-a4.pdf`

The LATEX Project
Webseite: `https://www.latex-project.org/`

LATEX Color Farbdefinitionen mit LATEX
Webseite: `http://latexcolor.com/`

TeXdoc Online TEXand LATEX documentation lookup system
Webseite: `http://www.texdoc.net/`

Glossar

Die vollständige Ausgabe ist im Netz zu finden unter
`https://www.typografie.info/3/wiki.html/` sowie
`https://www.typolexikon.de/`

Anführungszeichen Anführungszeichen sind Satzzeichen, die am Anfang und Ende einer direkten Rede, eines wörtlichen Zitats, Titels, Namens oder einer anderweitig herauszustellenden Wendung stehen. Für die Deutschen Anführungszeichen »« dienen die Zahlen 99/66 als Eselsbrücke. Das Zollzeichen auf der Taste 2 der Computer-Tastatur ist kein typografisch korrektes Anführungszeichen.

Blocksatz Beim Blocksatz oder geschlossenen Zeilenfall handelt es sich in der Typografie um die Methode, einen Text so zu setzen, dass die Zeilen auf gleiche Breite gebracht werden. Bei Texten im lateinischen Alphabet geschieht dies vor allem durch Erweiterung der Wortzwischenräume. Die Ränder erscheinen sowohl auf der linken als auch auf der rechten Seite optisch bündig. Allerdings kann man oft bei genauer Betrachtung feststellen, dass dünne Zeichen (wie ein Bindestrich) und runde Zeichen (wie der Buchstabe „o") tatsächlich minimal über den eigentlichen Rand des Textes hinausragen, da dies den optischen Eindruck von Bündigkeit durch eine optische Täuschung sogar verstärkt. Die letzte Zeile eines im Blocksatz formatierten Textes ist in der Regel am linken Absatzrand orientiert, und der Text läuft entsprechend seiner restlichen Länge aus. In selteneren Fällen, zum Beispiel bei manchen Gedichten oder um einen besonderen optischen Effekt zu erreichen, kann die letzte Zeile auch auf die Spaltenbreite zentriert werden. Die erste Zeile eines Absatzes ist häufig leicht eingerückt, um den Absatzbeginn auch dann erkennbar zu machen, wenn die letzte Zeile des vorhergehenden Absatzes zufällig (fast) die ganze Breite einnimmt.

Von einem erzwungenen Blocksatz spricht man, wenn auch die letzte Zeile eines Absatzes auf die volle Zeilenlänge ausgeweitet wird.

Buchsatzspiegel Buchsatzspiegel ist die Bezeichnung für das gesamte schematische Ordnungssystem einer Doppelseite (Verso und Recto). Der Buchsatzspiegel beschreibt die unbedruckten und bedruckten Flächen und umfasst Außenstege, Bundstege, Fußstege, Kopfstege, Kolumnentitel (lebend/tot), Kopfstege und Satzspiegel (Textbereich).

Bundsteg Bundsteg ist der typographische Fachausdruck für den inneren, also den rechten Innenrand der Versoseite bzw. den linken Innenrand der Rectoseite eines Buches. In Abhängigkeit des Buchbindeverfahrens ist der Bundsteg um die Bindekorrektur zu vergrößern. Die Bindekorrektur ist der Bereich, der durch die Bindung verdeckt wird.

CMYK Das CMYK-Farbmodell ist ein subtraktives Farbmodell, das die technische Grundlage für den modernen Vierfarbdruck bildet. Die englischsprachige Abkürzung CMYK, steht für die drei Farbbestandteile Cyan, Magenta, Yellow und den Schwarzanteil, der traditionell als Key bezeichnet wird. Die zusätzliche Druckfarbe Schwarz (Key) ist für den Zusammendruck der drei Bunttöne nötig, da diese theoretisch, aber nicht praktisch ein ausreichend tiefes Schwarz ergeben.

Dickte Typografischer Terminus aus der Periode des materiellen Schriftsatzes für die physische Breite eines Schriftkegels einer Drucktype (Druckletter), beispielsweise aus Metall, Holz oder Kunststoff, die im Hochdruck, z.B. in einer Tiegeldruckpresse, verwendet wird. Die Dickte eines Schriftkegels bestimmt den Breitenlauf (Laufweite) eines physischen Schriftschnitts.

Digital Object Identifier – DOI   Der Digital Object Identifier ist ein System zur sicheren Identifizierung und zum Austausch von geistigem Besitz im Internet. Die Internationale DOI-Stiftung, eine Non-Profit-Organisation, verwaltet die Entwicklung, die Strategie und das Lizenzsystem des DOI-Systems für Registrierungsagenturen. Mit einem DOI kann man jegliches geistige Besitztum identifizieren, d. h. benennen, auch solches, das bereits durch eine ISBN gekennzeichnet ist.

Durchschuss   siehe Zeilendurchschuss.

Europäische Artikelnummer – EAN   Die EAN war die internationale Artikelnummer in allen Vertriebskanälen. Sie wurde durch die Global Trade Item Number ersetzt.

Falz   Falz bezeichnet den nicht-sichtbaren leeren Raum, der durch die Bindung genutzt wird. Dieser Raum ist bei der Satzspiegelberechnung mittels der Bindekorrektur zu berücksichtigen.

Farbmanagement   Das Farbmanagement innerhalb der digitalen Druckvorbereitung erfolgt über ICC-Farbprofile. die den Farbraum eines Farbeingabe- oder Farbwiedergabegeräts, z. B. Monitor, Drucker, Scanner etc. beschreiben. Ziel eines konsequent eingesetzten Farbmanagements ist, dass eine Vorlage, die mit einem beliebigen Eingabegerät erfasst wurde, an anderen Ausgabegeräten möglichst ähnlich wiedergegeben wird.

Fogra39   Fogra39 ist neben ISOcoatedV2 das am häufigsten verwendete Profil in der Europäischen Druckindustrie.

Frontispiz   Das Frontispiz ist eine dekorative oder informative Abbildung, die sich auf der dem Titelblatt gegenüberliegenden Seite befindet.

Fußsteg Fußsteg ist der typographische Fachausdruck für den unteren Rand einer Buchseite. Der Fußsteg sollte bei Handbüchern, z.B. einem Roman, deutlich breiter sein als die Kopf-, Bund- und ggf. die Außenstege, da beim Halten und Umblättern eines Buches die Finger keinesfalls in den Satzspiegel geraten dürfen. Dies würde die Lesegeschwindigkeit und somit schlussendlich die Lesbarkeit eines Buches mindern.

Gänsefüßchen Umgangssprachliche Bezeichnung für Anführungszeichen.

Gedankenstrich siehe Halbgeviertstrich.

Geviertstrich Der Geviertstrich (–) ist in ein waagerechter Strich, dessen Breite in etwa der Geviertlänge entspricht. Im Englischen kann der Geviertstrich als Gedankenstrich verwendet werden. Im Deutschen gibt es im Gegensatz zu Bindestrich und Gedankenstrich keine fest in der Orthografie verankerte Anwendung. Möglich ist zum Beispiel die Anwendung zur Kenntlichmachung von Anstrichen (»Spiegelstrich«) und glatten Währungsbeträgen (z.B. 50,— Euro). In anderen Sprachen wie dem Englischen kommt der Geviertstrich als Gedankenstrich zum Einsatz.

Grundlinie Linie, auf der die meisten Buchstaben einer Schrift ruhen.

Globale Trade Item Number – GTIN Die GTIN ist die internationale Artikelnummer in allen Vertriebskanälen. Sie ersetzt die EAN.

Grauwert Der Grauwert bezeichnet in der Typografie die scheinbare Helligkeit eines Textes. Er basiert jedoch nicht auf wissenschaftlichen Erkenntnissen, sondern er ist ausschließlich ein subjektiver Eindruck. Allerdings herrscht

Konsens, dass der Grauwert ausschlaggebend für die Gesamteindruck und die Lesbarkeit eines Buches ist. Deshalb gilt die Regel: je dunkler und dichter der Grauwert einer Schriftfläche ist, desto unangenehmer und schwerer ist der Text lesbar.

Guillemets Guillemets sind eine Form von Anführungszeichen, die im Französischen und anderen romanischen Sprachen die Standardform bilden. In Deutschland und Österreich stellen sie die alternative Form dar.

Halbgeviertstrich Typografischer Fachausdruck für den Gedankenstrich. Während sich der Begriff Gedankenstrich aus einer typischen Funktion dieses Zeichens herleitet, bezieht sich die Bezeichnung Halbgeviertstrich auf die typische Breite des Zeichen, die in etwa einem halben Geviert entspricht. Die exakte Breite ist jedoch von Schrift zu Schrift unterschiedlich und kann unter Umständen auch deutlich von einem Halbgeviert abweichen. Die Länge wird dann eher aus visuellen Gesichtspunkten in Übereinstimmung mit der Schriftgestaltung und den anderen Strichen (Bindestrich/Geviertstrich) bestimmt. Im Englischen spricht man auch vom »en dash«, also einem Strich der in etwa die Breite des n hat — im Gegensatz zum etwa doppelt so breiten »em dash«.

Hurenkind Ein Hurenkind ist eine einzelne, letzte Zeile eines Absatzes, die am Anfang einer neuen Seite oder Spalte steht.

Impressum Ein Impressum ist eine gesetzlich vorgeschriebene Herkunftsangabe in Publikationen, die Angaben über den Verlag, Autor, Herausgeber oder die Redaktion enthält, vor allem um die presserechtlich für den Inhalt Verantwortlichen kenntlich zu machen. Oft werden auch zusätzliche Informationen wie Druckerei, Erscheinungsweise, Erscheinungsjahr und Erscheinungsort aufgeführt. Je nach Art der Publikation und konkreter Gesetzeslage müssen oder mussten auch zusätzliche Angaben enthalten sein, beispielsweise zur steuerlichen Situation des Herausgebers oder eine erfolgte Prüfung durch die Zensur.

ISOCoatedV2   ISOCoatedV2 ist das am häufigsten verwendete Profil in der Europäischen Druckindustrie. Es steht für das verbreitetste Druckverfahren, den Offsetdruck auf mattem oder glänzenden Bilderdruckpapier.

International Standard Book Number – ISBN   Die ISBN ist eine eindeutige internationale Kennung für monografische Veröffentlichungen; durch die Vergabe einer Nummer entfällt die Identifizierung einer Veröffentlichung durch umfangreiche bibliographische Angaben, wodurch Zeit und Personalkosten gespart und Kopierfehler reduziert werden. Durch den 13-stelligen EAN-13-Barcode ist die ISBN maschinenlesbar, wodurch Zeit gespart und Fehler vermieden werden.

International Standard Serial Number – ISSN   Zusätzlich zum ISBN-System wurde ein Nummerierungssystem für periodisch erscheinende Publikationen eingeführt. Eine periodisch erscheinende Publikation ist eine Publikation, die während eines gewissen Zeitraumes ohne festgesetztes Ende herausgegeben wird. Eine solche Publikation erscheint üblicherweise in aufeinanderfolgenden oder integrierten Ausgaben, welche numerische und / oder chronologische Bezeichnungen tragen. Typische Beispiele sind Fortsetzungen wie z. B. Zeitungen, Zeitschriften, Magazine und auch permanent laufende Publikationen, wie z. B. Loseblattsammlungen oder auch Internetseiten, die ständig aktualisiert werden.
Gewisse Publikationen, wie z. B. Jahrbücher oder monographische Serien sollten eine ISSN für den Fortsetzungstitel (der für jeden Band oder jede Ausgabe gleich bleibt) sowie eine ISBN für jeden eigenen Band erhalten. Wenn eine ISBN und eine ISSN vergeben werden, so müssen beide deutlich ausgewiesen werden. .

Kapitälchen Kapitälchen sind Kleinbuchstaben in der Form von Großbuchstaben. Sie werden zur Hervorhebung in der Typografie anstelle von normalen Kleinbuchstaben verwendet. In der deutschsprachigen Typografie haben Kapitälchen die Höhe des Kleinbuchstabens x.

Kolumne Kolumne ist ein Bereich oberhalb oder unterhalb eines Satzspiegels. Der darin enthaltene Text wird als Kolumnentitel bezeichnet. Die klassische Buchtypografie unterscheidet zwischen »toten« und »lebenden« Kolumnentitel. Die Kolumne oberhalb des Satzspiegels – im Kopfsteg – wird umgangssprachlich als Kopfzeile bezeichnet. Die Kolumne unterhalb des Satzspiegels – im Fußsteg – wird umgangssprachlich als Fußzeile bezeichnet.

Kopfsteg Kopfsteg ist der typographische Fachausdruck für den oberen Rand einer Buchseite.

Laufweite Die Laufweite bezeichnet den Buchstabenabstand einer Schrift. Im Digitalsatz kann die Laufweite als einzelner Parameter heute beliebig und – im Gegensatz zum Bleisatz – auch bis in den negativen Bereich variiert werden. Ist die Laufweite Null, schließen alle Buchstabenkegel direkt aneinander an. Ist die Laufweite größer Null, besteht ein Abstand zwischen den Buchstabenkegeln. Ist die Laufweite negativ, werden die Buchstabenkegel übereinander geschoben.

Lebender Kolumnentitel Lebender Kolumnentitel ist eine Seitenzahl mit beigefügtem Text, der auf den nachfolgenden Seiten seinen Inhalt ändern kann. Er kann beispielsweise aus Hauptüberschriften, Kapitelüberschriften, Untertiteln oder Rubrikentiteln bestehen. In der traditionellen Buchgestaltung trägt die linke Buchseite (Verso) meist den übergeordneten Titel und die rechte Seite (Recto) den untergeordneten Titel, wobei in der Regel der rechtsseitige Textinhalt häufiger gewechselt wird.

Ligatur Eine Ligatur ist eine Verbindung zwischen zwei oder drei Buchstaben zu einem eigenständigen Zeichen. Die Anwendung von Ligaturen gehört in den Bereich der Mikrotypografie. Ligaturen unterscheiden sich von nicht verbundenen Buchstaben eines Alphabets in der Regel durch ein geringfügig anderes Aussehen.

Liniensystem In der Typografie bilden die (optischen) Ober- und Unterkanten der unterschiedlichen Groß- und Kleinbuchstaben ein Liniensystem.

Abbildung 10.1: Liniensystem

Die oberen zwei Linien – k-Linie und x-Linie – bilden sich aus den Oberkanten von Kleinbuchstaben mit (k, h, b etc.) und ohne Oberlänge (x, o, a etc.). Deren gemeinsame Unterkante -– die Grundlinie -– bildet die dritte Linie. Die Unterkante der Kleinbuchstaben mit Unterlänge (q, p, g etc.) bildet die p-Linie. Die Höhe der Großbuchstaben -– die in der Regel etwas geringer ist als bei Kleinbuchstaben mit Oberlänge – bildet die H-Linie. Die Oberlänge der Kleinbuchstaben ragt meist etwas über die Versalhöhe hinaus, um durch diesen optischen Trick gerade und gekrümmte Buchstaben gleich hoch erscheinen zu lassen. Mit anderen Worten: Die H-Linie liegt oft ein klein wenig tiefer als die k-Linie.

Links-/Rechtsbündig Typografischer Terminus für eine Satzausrichtung, bei dem alle Zeilenanfänge links-/rechtsbündig, in senkrechter Ausrichtung untereinander stehen und die Zeilenenden in der Regel rechts/links frei auslaufen.

Majuskel Ein anderes Wort für Großbuchstabe.

Makrotypographie Die Makrotypographie beschreibt den optischen Gesamtkomplex einer Schriftsatzarbeit. Hierzu gehört insbesondere das Seitenformat, der Satzspiegel und damit das Proportionieren der Ränder (Stege), Zeilenbreite und -abstand/Durchschuss, Schriftgröße und Schriftauszeichnungen sowie die Platzierung von Bildern und Tabellen. Grundelemente sind die Zeile für die horizontale Schreibrichtung und die Spalte bzw. die Kolumne für die vertikale Schreibrichtung. Die einzelnen Elemente des Seitenaufbaus sollten sinnvoll aufeinander abgestimmt werden, wobei die Wahl der Schriftgröße sowie die richtige Positionierung von Abbildungen, Grafiken und Tabellen hierbei besonders wichtig ist. Die harmonische Aufteilung von bedruckter und unbedruckter Fläche ist entscheidend: Eine Seite darf weder überladen noch kahl wirken. Eine andere Bezeichnung für Makrotypografie ist Layout.

Minuskel Ein anderes Wort für Kleinbuchstabe.

Mikrotypographie Die Mikrotypografie beschreibt die Schrift und ihre Anwendung selbst.

Oberlänge Die Oberlänge ist der Teil eines Kleinbuchstabens, der über die Mittellänge hinaus geht. Ein Beispiel ist der obere Teil des »b«.

Rechts/Links flatternd Flattersatz (anaxialer Satz, asymmetrischer Satz) bezeichnet in der Typografie eine Satzform, bei der die Zeilen ungleichmäßig auslaufen (offener Zeilenfall).

Recto Recto ist die Bezeichnung für die rechte Seite eines Buches.

RGB Ein RGB-Farbraum ist ein additiver Farbraum, der Farbwahrnehmungen durch das additive Mischen dreier Grundfarben (Rot, Grün und Blau) nachbildet. Der RGB-Farbraum wird für selbstleuchtende (farbdarstellende) Systeme benutzt, die dem Prinzip der Additiven Farbmischung unterliegen, daher auch als Lichtmischung bezeichnet.

sRGB (Standard-RGB) wurde für Monitore entwickelt, deren farbgebende Basis drei Phosphore (Leuchtstoffe) sind. Solch ein Stoff gibt beim Auftreffen von Elektronen ein Spektrum von Licht ab, dabei sind geeignete Leuchtstoffe solche mit schmalbandigen Emissionen bei Wellenlängen im Bereich der Wahrnehmungsqualitäten Blau, Grün, Rot. Der Betrachter bekommt den im RGB-Farbraum definierten Farbeindruck (bei genügendem Abstand vom Bildschirm gehen die Pixel additiv ineinander über). Die Intensität des Anregungsstrahls entspricht dem Tripel im RGB-Farbraum und kann beispielsweise als Dezimalbruch (0 bis 1 oder 0 bis 100 %) oder diskret mit 8 Bit pro Kanal (0...255) angegeben werden. Je nach Anwendungsart sind dabei bestimmte Wertdarstellungen bevorzugt.

Satzspiegel Als Satzspiegel oder Schriftspiegel wird in der Typografie die Nutzfläche auf der Seite eines Buches, einer Zeitschrift oder anderer Druckwerke bezeichnet. Der Satzspiegel wird begrenzt durch die Stege Bundsteg, Kopfsteg, Fußsteg und Außensteg), also durch die unbedruckten Abstände zwischen dem Satzspiegel und dem Rand. Die Spalten (Spaltensatz) mit Text, Grafik oder Bild gehören immer zum Satzspiegel. Auch der so genannte »lebende Kolumnentitel«, der zusammen mit der Seitenzahl auch noch kurze Angaben über den jeweiligen Kapitelinhalt enthält, wird zum Satzspiegel gerechnet; ebenso Fußnoten. Dagegen gehört der »tote Kolumnentitel«, der lediglich die Seitenzahl enthält, nicht zum Satzspiegel.

Die Kunst beim Satz ist die Gestaltung der Seite in einer Form beziehungsweise in einem Verhältnis, so dass sie dem Betrachter harmonisch erscheint. Um dieses meist subjektive Ziel zu erreichen, bedient sich das Druckereihandwerk diverser Regeln und Systeme zur Erreichung des gewünschten Ergebnisses. Unter anderem werden die Maße des Goldenen Schnittes und zugehörigen Zahlen der Fibonacci-Folge verwendet, aber über die Jahrhunderte hinweg auch diverse andere Systematiken. Eine sehr gute Einführung in die Thematik bietet Markus Kohm.

Schmutztitel Der Schmutztitel ist eine dem Titelblatt vorangestellten Seite und in der Regel die erste Seite des Buchblocks. Der Schmutztitel enthält deutlich weniger Informationen als das Titelblatt, mindestens aber den Titel des Buches selbst.

Schrift Eine Schrift wird definiert durch Schriftart (Serife, Antiqua/Grotesk, Serifenlos), Schriftfamilie (Arial, Times, Courier, ...), Schriftschnitt (Schriftstärke (leicht, mager, normal, halbfett, fett und extrafett), Schriftstil (extraschmal, schmal, normal und breit), Schriftbreite (normal und kursiv)), Schriftgrad (Punktgröße) und Schrifttype (Klein- und Großbuchstabe).

Schriftbildhöhe Die Schriftbildhöhe ist die größte vertikale Ausdehnung einer Schrift. Sie wird meist als hp-Höhe angegeben, also die Summe aus Ober-, Mittel- und Unterlänge.

Schusterjunge Ein Schusterjunge ist eine einzelne, erste Zeile eines Absatzes, die als letzte Zeile am Ende einer Seite oder Spalte steht.

Titelei Die Titelei bezeichnet die Seiten eines Buchs, die dem eigentlichen Inhalt vorangestellt sind. Teil der Titelei eines Buches können zum Beispiel sein: der Schmutztitel, das Frontispiz, die Titelseite auf dem Titelblatt, Impressum, Vorwort, Widmung und Inhaltsverzeichnis.

Titel(seite) Die Titelseite ist formell korrekt die Vorderseite des Titelblattes in Druckwerken wie Büchern. Häufig werden Titelseite und Titelblatt jedoch auch synonym verwendet. Die Titelseite enthält den Titel des Druckwerkes und bei Büchern heute in aller Regel auch Angaben zu Autoren, dem Verlag sowie Publikationszeit und -ort. Bei Büchern ist die Titelseite Teil der Titelei.

Toter Kolumnentitel Toter Kolumnentitel ist die Bezeichnung für eine einzeln stehende Seitenzahl.

Umfließend Text, mit teilweise verkürzten Zeilen, die um ein Bild herumfließen, das weniger breit als eine Spalte ist.

Unterlänge Die Unterlänge ist der Teil eines Kleinbuchstabens, der unter der Grundlinie liegt. Ein Beispiel ist der obere Teil des »p«

Unterschneiden Der Abstand eines Buchstabens zu den benachbarten Zeichen wird in erster Linie durch die Breite (Dickte) des Schriftkegels bestimmt. Einige Buchstabenkombinationen benötigen darüber hinaus einen speziellen Ausgleich des Abstandes. Im Bleisatz mussten die Lettern physisch beschnitten werden, damit beispielsweise im Wort »Telefon« das »e« unter den Querstrich eines »T« geschoben werden konnte. Daher rührt die Bezeichnung »Unterschneidung«.

Vakatseite Als Vakatseite (lateinisch vacare = leer sein) oder Leerseite bezeichnet der Buchbinder die Seiten eines Buches, die zwar in der Paginierung (Seitenzählung) mitgerechnet werden, jedoch nicht bedruckt sind. Das bedeutet, dass auf diesen Seiten auch keine Seitenzahlen aufgedruckt sind.

Versalhöhe Als Versalhöhe bezeichnet man die Höhe der Großbuchstaben (Versalien).

Versalschrift Bei einer Versalschrift werden lediglich Großbuchstaben verwendet.

Verso   Verso ist die Bezeichnung für die linke Seite eines Buches.

Zeilenabstand   Der Zeilenabstand ist der numerisch gemessenen Abstand zwischen zwei oder mehreren untereinander folgenden Zeilen. Der Zeilenabstand wird zwischen zwei Grundschriftlinien gemessen. Der Zeilenabstand beeinflusst maßgeblich den Grauwert und somit die Lesbarkeit eines Schriftsatzes. Die Wahl des geeigneten Zeilenabstandes gehört in das Segment der Mikrotypografie. Wie beim Zeilendurchschuss, wird das Proportionieren des Zeilenabstands eines glatten Satzes auch heute noch als »Durchschießen«, ein normaler Zeilenabstand als *Durchschossen*, ein enger Zeilenabstand als *Kompress* und ein großzügiger Zeilenabstand als *Splendid* bezeichnet.

Zeilendurchschuss   Der Zeilendurchschuss ist die Distanz zwischen zwei oder mehreren untereinander folgenden Zeilen. Im Gegensatz zum Zeilenabstand bezieht sich der Zeilendurchschuss jeweils von der Unterkante der p-Linie (Unterer Scheitel der Unterlänge) zur Oberkante der H- bzw. k-Linie (Oberer Scheitel der Oberlänge) eines Buchstabens in der nächstfolgenden Zeile. Der Zeilendurchschuss beeinflusst maßgeblich den Grauwert und somit die Lesbarkeit eines Schriftsatzes. Die Wahl des geeigneten Zeilendurchschusses gehört in das Segment der Mikrotypografie. Schließen die Buchstabenkegel einer Zeile direkt an die Kegel der vorangegangenen Zeile an, spricht man von kompressem Satz. Schriftsatz mit besonders starkem Durchschuss wird auch splendid genannt

Stichwortverzeichnis

Personenverzeichnis

Über den Autor

Thomas Zimmermann

Diplominformatiker

Thomas Zimmermann wurde 1968 in Landau in der Pfalz geboren. Nach seinem Abitur trat er als Soldat auf Zeit in die Bundeswehr ein. Mit Abschluss seines Informatikstudiums wurde er als Berufssoldat übernommen.

Parallel zu seinen Verwendungen im Bereich der Informationstechnik übernahm er ab 2012 eine beratende Funktion für die Informationstechnik im Carola Hartmann Miles Verlag.

Die zahlreichen erlebten Diskussionen mit den Autoren zur Gestaltung ihrer Bücher ermunterten ihn mit seinen Erfahrungen zu LaTeX eine Dokumentvorlage zu erstellen, zu dokumentieren und natürlich mit dem vorliegenden Buch auch zu erproben.